縁起に生きる

小川一乗 著

小川一乗講話選集 1

法藏館

はしがき

この度、法藏館から「講話選集」三巻が刊行されることになった。さまざまなご縁によって、特に、真宗大谷派における各種の研修会や講演会において拙い講義や講演をさせていただいた。それらが主催者の手によって冊子となって刊行されてきたが、その数は確認できないほどの多くの数となっている。これまでに、それらの冊子の何冊かをまとめて公刊したものとしては、法藏館からは『慈悲の仏道』『仏教からの脳死・臓器移植批判』『仏教に学ぶいのちの尊さ』『仏教からみた往生思想』など、文栄堂からは『遇縁のいのち』がある。その他、講義や講演そのものが一冊となって公刊されたものとしては、法藏館からは『大乗仏教の根本思想』『仏教からみた「後生の一大事」』『仏道としての念仏』など、文栄堂からは『仏性思想』『大乗仏教の原点』など、東本願寺からは『坊守叢書2「寺をひらく」』、南御堂からは『煩悩を断ぜずして涅槃を得る』がある。

今回公刊される三巻は、第一巻「縁起に生きる」、第二巻「平等のいのちを生きる」、第三巻「いま人間を考える」というそれぞれのテーマにそって、これまで刊行されてきたこれらの冊子の中から講話に類するものだけを取り上げ、それを選別し編集したものである。編集にあたっては、内容が重なる部分がかなりあるため、それをどう取り扱うかについて苦心しながら、法藏館の和田真雄氏が編纂した。氏に心からの謝意を表する次第である。

最近は、腑に落ちないことばかりである。政治や経済が主となっている世界情勢について、新聞やテレビ・ラジオなどのメディアは何かを胸につかえたままの消化不良の報道ばかりである。スカッと腑に落ちる報道は皆無と言っていい。何故であろうか。それについて、昨年九月十一日にアメリカで勃発した同時多発テロと、それに対するアメリカの対応を目の当たりにして、その理由が何であるかが見えてきた。それは二十世紀から今世紀にかけて世界全体を覆うようになったヒューマニズムが自己矛盾を呈するようになってきたのである。すなわち、ヒューマニズムは人間の理性に対する信奉に支えられた犯すべからざる善であるという神話が崩壊し始めたことを意味する。思えば、ヒューマニズムは人間開放の精神によって成り立っているはずである。それなのに、正義のための戦争を容認し、お互いに自らを善とし相手を悪とする差別をも容認しているからである。

自らの人権を守るために相手の人権を蹂躙するという社会構造を作り上げ、そこに勝者と敗者との差別が形成された。分かりやすい例えでいえば、喧嘩をして勝った者が負かした相手の傷の手当てをするのがヒューマニズムであるという構図に陥ってしまっているのである。ヒューマニズムは勝者の側にあり、敗者はその恩恵を受ける側であるという差別が形成されたが、敗者がそれに甘んじた時代は終わり、敗者が自らの尊厳性を回復するために牙をむいたのである。宗教によって自らの尊厳性を主張し、テロという手段で牙をむいたのである。このような構図が自明となっているにも拘らず、華やかなオリンピックに象徴されるように、勝者の側に立つことを是とし、敗者の側に立つことを是としない競争社会の中で、政治も経済も、さらには宗教までもがヒューマニズムの現状を問い直すことを躊躇している。当然のこととして、スカッとした腑に落ちる報道ができるはずがない。なぜなら、差別する勝者の側に立つことを是とせず、差別された敗者の側に立つ勇気を持てないでいるからである。

仏教は、生きとし生けるすべての命は平等でなければならないと、命への差別を凝視した釈尊の直覚によって始まった。親鸞聖人は釈尊に導かれて「いし・かわら・つぶてのごとくなるわれら」に立った。戦争を支え、命への差別を是認する結果となっているヒューマニズムを克服するには、「命は平等」と説く仏教こそを人類はいま必要としている。釈尊や親鸞聖人のように敗者の側に立つ勇気を、私たち仏教徒は持たなければならない。この「講話選集」三巻には、そんな願いが込められているのである。

平成十四年十月

大谷大学　学長室にて

小川一乗

縁起に生きる　目次　小川一乗講話選集1

縁起に生きる

仏教理解の基本的視点

仏教の基本思想と響き合う真宗

日本民族は、仏教が入ってくる以前から霊の存在を素朴なかたちで認めています。そういう霊信仰と仏教とともに入ってきたインドにおける輪廻転生説が渾然一体となって、現在の日本仏教は霊の存在を是認しています。日本古来の霊信仰と仏教の関係を見てみますと、日本仏教は日本民族の霊信仰を肯定するために、そこに輪廻転生ということを、それほど厳密ではないけれども取り入れていると言っていいと思います。

そういった日本仏教が、はたして釈尊の説かれた仏教の思想として正しいのかどうか。そのことをきちっと押さえていきますと、そういう霊信仰をまったく受け入れていない親鸞聖人の説かれた浄土真宗が、仏教の基本思想と見事に響き合っている、しかも思想的に重要な事柄について、仏教の基本思想が親鸞聖人によって確認されているということが明らかとなるわけです。したがって、ほかの祖師たちには、本来の仏教と響き合うものが教えとして少ないと言っていいのではないかと思いますが、親鸞聖人の場合は、明確に響き合っていくわけです。

それはどうしてなのかということを考えてみますと、私は親鸞聖人の苦労というものが、ほかの日本仏教の宗祖といわれる方々の苦労とはまったく質の違った親鸞聖人独自の苦労があったからだと思うわけです。親鸞聖人は、比叡山で二十九歳まで二十年間学ばれた。そのとき、当時の日本天台宗の中に身をおいていた親鸞聖人は、その現実に絶望されるのです。一切衆生が救われていく、一切衆生の救いを目指す仏教ではなくなっている当時の比叡山仏教に対して、絶望し悩み、そして彷徨をする。そういった中で法然上人と出会っていかれたのです。そして法然上人の教えに出会って、初めて親鸞聖人はそこに真実の仏教を見られたのです。自分が真に救われていく、自分が救われていくということは一切衆生が救われていくという、そういう真実の仏教と出会ったわけです。法然上人との出遇いは、たいへんな感動だったと思います。

ところが当時の仏教界は、こぞって法然上人を批判します。「興福寺奏状」に代表されるように、政治権力と結びついた仏教界から総すかんをくらうわけです。九ヶ条におよぶ内容をもって、選択本願念仏の教えは仏教じゃないと徹底的に批判される。そのように、当時の仏教界から徹底的に指弾を受ける。そして流罪という結末となっていく。しかし、これは政治的な弾圧ですから、世間の事柄ですから、仏教の本質にかかわる問題ではなかったと思います。

ところがその後、法然上人が亡くなって『選択本願念仏集』が開版されるや、数か月を経ずして明恵（高弁）上人によって『選択本願念仏集』に対する『摧邪輪』という有名な批判の書が書かれます。これは親鸞聖人にとってはショックだったと思います。時の政治権力と結託したレベルであれば、これはいいのですけれども、明恵上人といえば、当時の仏教界の堕落を徹底的に批判し、そして多くの人たちの信仰を集めていた、その当時の高僧であり、生涯不犯という聖僧であり、当時の多くの人たちから尊敬をうけている。その明恵上人から、法然上人の『選択本願念仏集』は仏教じゃないと言われたのです。これは親鸞聖人にとっては、見過ごすことのできないたいへんな問題だったと思います。

法然上人の教えこそが自分が救われていく真実の仏教だと深く確信したけれども、明恵上人に批判されたことによって、本当に法然上人の教えが真実の仏教なのかどうかを顕らかにし確認しなければならないというのが親鸞聖人の大きな苦労となったと思うのです。

だからこそ、『顕浄土真実教行証文類』（『教行信証』）の作成ということが出てくるのです。真実の教行信証とは何か、それを顕らかにしなければならないということで、この『教行信証』が著作された。「真実」という言葉が付いていますから、逆にいえば『教行信証』で顕らかにされた以外の仏教は、真実じゃないという意味を含んでいるのです。「真実の教行信証」ということは、それ以外のものは真実じゃないという、きちっとした選択が行なわれているわけです。しかもそのあとに、「真仏土巻」と「化身土巻」によって、真と化という本物と偽物の区分けがなされ、きちっとした仏教の判釈がなされているわけです。

そして一番最後のところで『選択本願念仏集』を取り上げる。それを言葉を尽くして讃嘆されて、そして『教行信証』は結ばれています。

『選択本願念仏集』は、（中略）真宗の簡要、念仏の奥義、これに摂在せり。見る者諭り易し。誠にこれ、希有最勝の華文、無上甚深の宝典なり。

とあるように、『選択本願念仏集』こそが仏教の極意をあらわしたものであるということを明らかにするために『教行信証』を著作された。しかもそこに、七高僧というものを見い出していく。龍樹・天親・曇鸞・道綽・善導・源信・源空という七人の祖師方を通して真実の仏教の伝統を思想的に確認しているわけです。

救いの真実性を検証した親鸞聖人

しかも親鸞聖人は、その七祖の第一祖である龍樹と釈尊を直結させたのです。どのようにして直結させたかというと、『入楞伽経』における「楞伽懸記」という有名な偈文があります。仏教では、よく釈尊の予告が説かれています。授記というのですが、現代的にいえば予告です。予言というと少し神秘的な感じですが、『入楞伽経』に説かれている予告を「楞伽懸記」というように伝統的に言われています。それをサンスクリットから翻訳してみます。

南方の国ヴェーターリーに、比丘にして福徳をそなえ、
名声大なる人が出るであろう。
彼の名は龍（樹）と呼ばれ、有と無の両方の邪見を砕破し、
私の乗物を世間における無上なる大乗と顕示し、

歓喜地に到達して、安楽国におもむくであろう。

こういう偈文が『入楞伽経』の中に説かれているのです。いつごろから『入楞伽経』の中にこの偈文が挿入されたのか定かではありませんが、最初からあった偈文ではありません。のちに大乗仏教というものの運動が起こって、龍樹という人の存在が評価されていくなかで、いつとはなしにこの偈文が『入楞伽経』の中に挿入されたということでしょう。

親鸞聖人は、これを用い、これを取り出すわけです。これを取り出して、龍樹は釈尊の予告に従って釈尊の教えを説いている。それを大乗として示した。こういうかたちで釈尊の仏教を龍樹の仏教に直結させているわけです。これは非常に重要な事柄で、たとえば『正信偈』の中で、まったく同じ内容で龍樹の出現が讃嘆されているのです。そのようにして法然上人によって顕らかにされた選択本願の教えは、法然上人一人のものではない。これは釈尊の教えの伝統の中にあるのだということを証明する。そのために三国にわたる七祖が取り上げられるわけです。

これは見逃してはならない事柄であると思います。もし法然上人の『選択本願念仏集』が、当時の仏教界から、これは素晴らしいと称賛をあびていたら、たぶん『教行信証』は製作されなかったと思います。また、七祖も生まれなかったと思います。それを逆縁というのでしょう。自分が信じて、確信し、これが真実だと頷いた教えが徹底的に批判されたという逆縁によって、親鸞聖人は、自分の頷いた教えが真実の仏教であることを思想的に確認するというたいへんな苦労をされたわけです。

このような苦労は、日本仏教のほかの祖師方にはありません。ほかには、釈尊の仏教と自らの悟りというものを直結していった道元禅師がいるぐらいでしょうか。しかし、親鸞聖人は、伝統を踏まえながら思想的に釈尊の仏教というものに法然上人の教えを直結させていった。そこに七人の祖師方を介在させたと、そういう苦労があったわけです。

そこのところをきちっと押さえていきますと、親鸞聖人が説く仏教が仏教の基本思想と非常に響き合っていくのは当然なことです。そこに日本仏教の中における浄土真宗の特異性があるのです。そのように、釈尊の仏教と同じものであるか否かという選択を、きちっと行なったところに形成されているのが真宗の教学です。そのことをまず確認しておかないといけないでしょう。

今までは、江戸宗学の影響もあるのでしょうけれども、仏教はこうである、真宗はこうであるといって分けていた。仏教ではこう言うけれども、真宗ではこう言うという溝があって、真宗を「別途の法門」などと言って区別していたと思います。しかし、親鸞聖人にとってはそういう溝は全然なかったと思います。自分が『教行信証』において顕らかにした教えが真実の仏教なのであって、それ以外は本物の仏教ではないと言い切っているわけです。

そのことを思いますと、現状の私たちはいったいどうなのだろうか。真宗というものを、日本にある宗派の一つに閉じ込めてしまっていないか。親鸞聖人が真宗と語ったときには、宗旨はいっぱいあるけれども、その中の一つが真宗であるとは絶対に思っていなかった。これが真実の仏教であるということは、ほかの仏教は真実じゃないということを言外に言っているわけです。そういった厳しい苦労があったということを、私はまず最初に押さえておかなければならないと思います。

常識であった業報輪廻

それでは仏教の基本思想とは何かを明らかにするために、この輪廻の問題について、これからお話をさせていただこうと思います。

釈尊が在世されたころ、釈尊の生没年代は確定されていませんけれども、もっとも有力なのは紀元前四六三年〜三八三年という説です。今から約二千五百年ぐらい前ですが、その当時のインドにおける宗教界はどうなっていたのかということからお話したいと思います。

そのころはウパニシャッドという宗教哲学が形成された時代です。それまでのインドの宗教では、死後については非常に大らかで、楽天的で、命終われば楽しい、平和なところに赴くという、そのように命の行方を考えていたわけです。ところが、そういう楽天的な来世観では納得がいかないという面もあると同時に、倫理観というのでしょうか、善をなさしめ悪をなさしめないという社会倫理の確立といったものも背景にあって、輪廻思想というものが形成されていきます。しかもそれは業報輪廻という、業の報いを受けて生まれ変わり死に変わりするという生命観、そういう輪廻思想というものが当時の宗教界で形成され確立されていたのです。

これは今から二千五百年も前のことですが、素晴らしい考え方だろうと思います。悪を行なわしめないという倫理的規制はどこで受けるのか。現代はどうでしょうか。私たちは法律でその規制を受けているわけです。法に背くと悪であって、法に背かなければ悪ではない。善とはいえないかもしれないけれども、悪ではない。そういう観点で、いま政治家や官僚などの間でいろんな倫理的な問題が起こっています。法律に背いていないということで、法律が善悪を決めていく。法律には背かないかもしれないけれども、道徳的道義的責任はあるだろうと、こう言いますけれども、法律に背いてないと思っている人に道義的責任を問うても、これは無意味です。悪いことをしたとは思っていませんから、道義的責任は成立しません。そういう意味で、現代は法律が人の善悪を決めていく。昔は現代のように法治国ではありませんから、一握の権力者が社会を支配していたのですから、そういったなかで人間の倫理観をどこで形成していくかという問題があります。

ユダヤ教とかキリスト教とかイスラム教という一神教の場合は、宗教と道徳がドッキングして見事な解決をしております。一神教の場合は、神との契約において、善を行ない悪を行なわないという約束をしますから、これに背いたら神に罰せられます。法律に背いて刑務所に入れられるどころの話じゃない。死後の世界まで罰を受けますから、これは大変です。そういうように「モーゼの十戒」などに代表されるような神に対して契約を行う。そこに善を行なわしめ、悪を行なわしめないという神との約束において、倫理が成立します。

ところがインドの古代においては、そういう人間を罰する神は大勢としては存在しませんでした。そうすると、善を行なわしめ、悪を行なわしめないようにするにはどうすればよいかということが問題になる。そしてその問題を解決するために、バラモン階級というカーストの最高の位にいる僧侶階級が作り出したのか、誰が考え出したのか知りませんけれども、業報による輪廻転生ということを確立していく。これはすごい考えだと思います。たとえば、王は好き勝手に人を殺すこともできる権力を持っている。そういう社会において業報輪廻という、行為の報いによって生まれ変わり死に変わりするということが、彼らにとって大変なコントロールをもたらすわけです。好き勝手にできないわけです。国王、族王といえども、あまりにもひどいことをすると、来世は悪い苦しい生まれになる。地獄に生まれる。そういう意味で、倫理というものを定着させていくことにおいて、業報による輪廻転生という生命観を考え出した。そういう宗教倫理を生み出したということは、その点ではたいへん勝れたことではないかと思うのです。

普通はもっと素朴な転生で、人間は人間に生まれ変わり、魚は魚に生まれ変わると考える。私はそれを「転生」といわないで「再生」と言っています。生まれ変わりという素朴な再生論は、どこの原始宗教にもあります。それに対して何を行なったかという業の報いによって生まれ変わるというのは、やはり再生思想としては独特なものであるといえるのではないかと思います。この業報輪廻ということが、当時のインドの宗教一般における常識となっていたわけです。

そして当時の宗教における救いとは何かというと、その輪廻の世界から脱出すること、解放されることが救いだったのです。「解脱」という言葉はそういう意味なのです。解脱ということは、輪廻転生の世界から解放される、脱出するという意味です。ですから解脱という言葉は、仏教以前から使われている。インドの宗教界にとっては非常に重要な、大事な用語なのです。そういう輪廻転生の世界からどのようにして脱出するか、そして脱出することが救いであるというのがインドの宗教における救いです。

輪廻転生からの解放を願う

死という問題を抜きにして宗教は絶対に成立しません。死という問題がなければ、宗教は生まれてこないと言ってもいいと思います。しかし、今の日本の仏教に代表される宗教は、死に目をつぶっています。死をタブー視しています。みんな現在をいかに楽しく、現在をいかにうまく生きるか、そういう発想のみで、死という問題を真正面から取り上げないのです。この世を自分の思い通り、自分の都合のいいように生きるにはどうしたらよいのかという、そういうことばかりを説いているのが日本の現在の宗教です。

しかし、死という問題を真正面からとらえたのが仏教の基本ですし、真宗は「浄土の真宗」と言われているように死を真正面からとらえなければならない宗教のはずです。それなのに最近は、真正面から言わなくなった。生きている今が大事だという、その一点だけしか言わない。そういう現代の宗教にとって救いとはいったい何だろうか、これが少しぼやけてきています。インド人は、はっきりしています。輪廻転生から解放されるということが救いだと、はっきりしているわけです。

現代の私たちも死を恐れるけれども、たいした恐れではないのです。この世から消滅することを恐れているだけです。多少苦しんで死ぬか、楽に死ぬかの違いだけです。多少長く生きるか、短くなるかの違いだけで、どのようであっても死それ自体は平等なわけですから、たいした問題ではないのです。衣食住が満ち足りて、この世に天国をつくったものだから、死ぬのはいやだ、いやだで、この世にしがみついている。だから死というのは、この世から姿が消えることだけを恐れ、死から逃げる。死を敗北と見るわけです。

インドの人は違います。死ぬことによって次の生まれが待っているんです。死ぬことによって、次の輪廻の世界が待っているのです。二重の恐れを抱いている。今度は何に生まれるのかという恐れです。しかも人間だから人間に生まれ変わるのならまだいいけれども、インドにおける輪廻転生というのは、もっと具体的に、人間以外の馬になるかもしれないし、牛になるかもしれないのです。きわめて実体的な生まれ変わりで、精神的な心のあり方の次元での話ではありませんから、これはたいへんな恐れです。

自分が自分の一生を振り返ってみて、来世は今の自分よりも安楽な生まれになるという自信の持てる人はいるでしょうか。自己の一生を振り返ってみればみるほど、今よりもっと惨めな、苦しい生まれに生まれ変わるとしか言いようのない生き方をしてきているのが私たちではないでしょうか。自分の一生を振り返ったときに、今よりもいい世界に生まれ変われると自信を持って言える人を善人というのでしょうが、自らの生き方の中に悪を見た人はみんな不安に脅える。転生を望みつつ、しかも恐れる。

ですから、インドの人たちは死に対する二重の恐れを抱いている。たしかに、この世から消えていくという死に対する恐れもあるでしょう。しかし、それよりもっと強い不安は、次の世にどのような生まれが待っているかという輪廻転生に対する恐れ、そういった死の恐れがインド人には重層的にあって、二重の恐れを持っていると言っていいのではないかと思います。そして、そういう輪廻転生の世界から解放されていくという道、解脱への道を求めて、ウパニシャッド時代に多くの宗教家が輩出したわけです。

ところで、業報輪廻にとって、輪廻転生というものを可能にするためには、そのための論理がなければなりません。この世での命を終えて肉体は焼かれて灰になって全てなくなったのに、自分がこの世で行なった業の報いを次の生まれに持っていってくれる何かがなかったら断絶してしまいますから、この世で行なった善い行ない、悪い行ないという業の報いを次の生まれまで持っていってくれる存在を必要とします。

その存在についてはさまざまな言い方がありますが、一般的にはアートマンといいます。そういう存在を仮設しないと、業報輪廻は論理的に成立しません。そうしますと、そういうアートマンという、「我」と漢訳されますが、このアートマンというのは日本の霊魂とは違いまして、人間の持っている本質のようなもの、この肉体が生まれ変わり死に変わりしても途切れることなく永久に続いていくような霊的存在と言っていいのでしょうか、そういったものを想定するわけです。それを想定しないと、輪廻転生は論理的に成立しません。

そうしますと、このアートマンさえなくなれば輪廻転生は成立しなくなり、輪廻転生は絶えてしまうわけです。この世で命終わって灰になったら終わりだと、これでスカッとするわけです。ところが、このアートマンが存在するかぎり、スカッといかないわけです。それでこのアートマンからどのようにして解放されようか、解脱するかと、それがインドの当時の宗教の大変な課題だったわけです。

考えてみれば、こんなアートマンの存在を考えるから迷うので、そんなものを想定しなかったらどうということはないのですが、やはりそこには倫理の問題とか、自己存在に対する我執とか、再生への願望とか、いろんな問題があるから、こういう存在を想定してしまうわけです。そしてその当時の伝統的な宗教では、このアートマンの存在を前提として、そのアートマンからどのように解放されていくかということを、さかんに摸索した。

その代表的なのが「梵我一如」という、インドの宗教の基本的な教理です。「梵」というのはブラフマンといいまして、世界の主神となる場合もあるし、世界の絶対的な真理というような形而上的な観念的な意味にもなるし、非常に多様で曖昧なんですけれども、要するにブラフマンという絶対的な存在。キリスト教の神のように人格は持っていませんけれども、哲学的には宇宙の原理であり、それは存在（有）であるとか、非存在（無）であるとか、いろいろな解釈がありますけれども、とにかく宇宙全体を意味するような絶対的なひとつの存在。

私たち一人ひとりの中にあるアートマンが、その絶対的な存在であるブラフマンと一体になっていく。一体となることによって、アートマンはブラフマンの中に帰一する。じつは自分の中にあった迷いの輪廻転生を可能にするアートマンは、宇宙の絶対真理である、絶対的な存在であるブラフマンそのものにほかならなかったという自覚をもって確認をしていく。そのことによって輪廻転生の世界から解放されていくというのが、簡単に言えば、「梵我一如」という考え方です。

梵我一如を否定した六師外道

この「梵我一如」というインドの伝統的な教理は、インドの仏教では密教として後代に取り入れられていきますが、じつは、この思想を批判したところから成立したのが仏教なのです。このころに、釈尊を含めて現われたのが沙門たちです。沙門というのは「努力する人」という意味で、遊行者のことです。このころまでのインドでは、聖地を遊行して歩く人たちというのは主としてバラモン階級の人たちだったのです。

バラモン階級は自分の人生を四期に分けます。最初期は、勉強する青年時代で学生期といいます。それから結婚して親の跡を継いで子どもを育てる第二期を家住期といいます。そして自分の子に跡をゆずった第三期を林住期といって、人のいない静かな林の中で自分の人生を振り返り、次へのよりよき輪廻転生、次の世界へ生まれる準備のための宗教的瞑想にふけるわけです。現代的にいえば「人生とは何ぞや」、自分の人生とはいったい何であったのか、来世へのよりよき生まれへのためになすべきことを考えるといったようなことを、静かな林や森の中で自分の人生を振り返りながら人間としての一生を終えていく準備をするわけです。最後の第四期は遊行期といいまして、聖地を巡礼しながら、そこで人生を終えていく、そういうように一生を四つに分けるわけです。

したがいまして、この沙門たちが現われる前は、林の中で瞑想したり、聖地を遊行して歩いたりしているのはバラモン階級の林住期か遊行期の人しかいなかったわけです。ところが今度は業報による輪廻転生という生命観が確立された時代の中で、その輪廻からの解放を説く宗教家たちが各地で説法をする、それを聞くために、人生とは何ぞや、生きるとは何ぞやと、若いときから家を離れて遊行して歩く人たちが、バラモン階級とは無関係に、どんどん出てくるようになるわけです。そういう人たちを沙門というのです。釈尊はその沙門の一人となるわけです。

その沙門たちには、さまざまなユニークな宗教哲学を持った人がいます。そういう沙門たちの宗教を、仏教では六師外道としてまとめています。『沙門果経』として、六師外道の説が説明されております。有名な王舎城の悲劇が大乗の『涅槃経』に説かれていますけれども、そこでも父王を殺した阿闍世が罪の意識で苦しむときに、次々と現れて説法するのも六師外道です。『沙門果経』に説かれている六師の教えと完全に一致するわけではありませんが、大体のところ重なります。ところで、当然ながら、そこでは六師外道というのは仏教より劣った教えとして位置づけられているわけです。

しかし、よく字を見ると、六師の「師」というのは先生ということで、六人の先生です。外道という意味は仏教以外の教えという意味です。価値観は関係ないのです。私たちは、どうも勝手に相手を貶めて外道という言葉を使いますけれども、言葉自体は仏教以外の教えを外道というのです。仏教のことを内道といいます。そういった意味で、仏教以外の六人の先生方の教えという意味が六師外道ということです。

その中には、釈尊に大きな影響を与えた教えを説いている人もいます。これに対して、正統派バラモンの説くアートマンの存在を前提とした教えを六十二見に区分けした仕方で批判しているのが『六十二見梵網経』です。これは仏教とは相容れない、まさしく批判対象としての宗教の教えを六十二見としてまとめたものですが、六師外道とは、釈尊にとっては傾聴に値する沙門の教えだと言っていいといえます。

その中の一つには、現在でもインドに残っているジャイナ教もあります。仏教ではジャイナ教のことを裸形外道と呼んでいます。このジャイナ教の教えの基本は、不殺生と苦行です。この中の不殺生という教えを、釈尊は仏教の中に取り入れました。インドへ行きますと、ジャイナ教の行者は真っ裸で街を歩いているんです。日本の街を真っ裸で歩いていたらすぐパトカーがやってきますけれども、何十年も水浴をしない、髪は伸び放題、髭も伸び放題、体は泥まみれですから、真っ裸で歩いていても全然異常でなく、かえって崇高な聖者という印象を受けます。裸で街を歩いている修行者は、これはジャイナ教に決まっています。ジャイナ教には二つの学派がありまして、裸形外道といわれる裸形派と、それから薄い白い衣をまとっている白衣派の二つに分かれます。

そのジャイナ教の裸形派というのは、なぜ裸なのかというと、ジャイナ教ではアートマンのことをジーヴァといいますが、そのジーヴァに付着している過去の業の報いを苦行によって取り除くことによって、ジーヴァは軽くなって、体から遊離しようとするときに、着物を着ていたら邪魔になるというわけです。なんとも変な話ですけれども、そうなんです。いうならば、ジャイナ教では、苦行をすることによって、アートマンがこんな苦しいところはいやだ、早く逃げ出したいと。そのために、アートマンがこの体から逃げ出しやすいようにするわけです。だから裸でいるんです。きわめて簡単に言ってしまえば、そういう考え方なんです。

そうすると、苦行を行なうことによって自分の内にいるアートマンが体から遊離していく、それで輪廻転生から解放される。そういうような救済の論理です。これは非常におもしろい考え方です。とにかく、そういうように、輪廻転生から解放されるために苦行という大変な努力をするのです。

それからもう一つ、徹底的な唯物論者も六師外道の中にいます。私たちの存在は地水火風でしかできていない。死んだら地水火風にもどるだけで、アートマンなどは存在しないのであるから、業の報いなどを恐れることはない。来世に向かっての因果応報という道徳律は何の根拠もない。どんな悪行があっても、生まれ変わることがないのだから、なにも心配ないと。輪廻転生を否定する唯物論者、道徳否定論者です。案外、釈尊の教えもそれに近い面があるようです。死後に生まれ変わるのなら、死後の世界を恐れて、善いことをし悪いことをしないという考え方が生まれてきますが、死んだら地水火風にもどるだけであるから、生まれ変わりはなく、死後を恐れる必要はないと、徹底した道徳否定論が説かれたりします。ここでは、アートマンの存在は最初から否定されています。

アートマンの否定としての諸法無我

このような六師たちによって説かれている教えが、なぜ釈尊の教えと近いのかといいますと、釈尊の説く因果論は、「善因楽果、悪因苦果」について、他律的に因から果を想定するのではなく、果から因を自覚するという自律的な「自業自得」を基本として、自らの行為に自ら責任を持つという意味での内省的な道徳論の立場に立っているからです。このことについて、『スッタニパータ』の中に、

生まれによってバラモンとなるのではない。生まれによって奴隷となるのではない。行為によってバラモンともなり奴隷ともなるのである。

と説かれています。ここでは、生まれによって身分が決まるというカースト制度が否定されています。そういう意味では、六師外道と同じように、因から果を考える他律的な道徳論は否定されているといえます。それからアートマンの存在を認めていないということも似ています。釈尊はアートマンの存在を認めたうえで、それから解放されようとしたのではない。アートマンの存在そのものを認めなかった。それが「無我」ということです。仏教の基本的な旗印として、「諸行無常、諸法無我、涅槃寂静」という三法印が説かれます。諸行は無常である、諸法は無我である、涅槃は寂静である。これが中国のほうに伝わってきた北伝仏教の三法印です。

日本では、その中の「諸行無常」という教えは定着しました。また諸法無我は、少し意味を変えて定着しました。諸行無常も日本では厳密にいうと意味が変わりました。釈尊の

説いた諸行無常とは少し意味が違います。日本では、諸行無常はもの悲しい響きをもつでしょう。「諸行無常だから頑張れる」という元気の出るような響きはないでしょう。つまり、諸行無常だからもの悲しいというか、そういう響きをもって日本には定着します。

日本が仏教を受け入れた後に、仏教が日本仏教として形成されていく時期というのは平安時代です。その平安貴族たちの中で滅びの美学とでもいいましょうか、「盛者必衰の理をあらわす」といったようなかたちで、栄えたものが滅んでいくという社会状況の中で諸行無常という仏教の教えが日本に定着していきます。これは『平家物語』が代表的な捉え方をしていると言っていいのではないでしょうか。諸行無常という言葉の中には「栄えるもの久しからず」という、ものの哀れとか滅びの美学がそこに含まれています。そういうかたちで日本では諸行無常というものが定着します。

しかし、釈尊は諸行無常だからもの悲しい、哀れだとは説いていません。諸行は無常だから注意深く生きなさいと説いています。細心の注意をもって生きなさい。きわめてクールなんです。なぜならば、諸行無常ということは道理だからです。栄えるものが滅びるだけでなく、栄えていないものが逆に栄えることにもなるからです。したがって、諸行は無常だからもの悲しいといったような響きをもった表現は釈尊の説法にはありません。

それを特に「ものの哀れ」を強調して定着させたということが日本仏教の特色ですけれども、釈尊の仏教からするとそれは誤解なんです。誤解だけれども、誤解が見事な芸術を生んでいきます。日本独特の侘びとか寂とか幽玄といった芸術を生み出していきます。それは日本古来からある霊信仰と結びついたもので、能などはその代表的なものです。無常感と霊、死者との対話というか、そういったことが基本にありますが、そういう幽玄の世界という芸術を作り出していきます。これは日本独特の芸術へと展開されていきます。

また「諸法無我」ということも、釈尊が言う無我というのは、あらゆる存在はアートマンのような永続的な存在ではない。アートマンのような霊的実在を持っている存在は何も無い。すべては縁起であって、アートマンのような存在は認められないという意味が諸法無我という意味なんです。

日本ではどうでしょうか。諸法無我というと、少しこれが変質します。蓮如上人が「仏法は無我にて候」と、こう言っておりますけれども、「仏法は無我にて候」と言った場合に、仏法はアートマンの存在を認めない教えであると、そういった意味に了解されているでしょうか。「仏法は無我にて候」と言った場合は、私を虚しくせよとか、執着を離れよ、そういう響きを持っていませんか。俺が、俺がといって生きている我執を離れる、己を虚しくするという意味で「仏法は無我にて候」と、だいたいそういう意味になっているようです。蓮如上人がどういうつもりで「仏法は無我にて候」と言われたか、これはわかりませんけれども、日本ではそういうように自分に対する執着を離れる、己を虚しくするという意味で無我ということが仏教の教えとして定着しています。

日本の場合はやむをえないのです。民族宗教として霊の存在を認めていますから、それに類するアートマンが無いとはじめから説いたら、仏教は日本に定着しなかったかもしれない。現に日本の仏教を形成した空海にしろ最澄にしろ、神信仰、山岳信仰を認めて、それを自分の教理の中に取り込んでいます。ですからなおさら、霊的存在のアートマンというものを否定しているのが仏教だとは、とても言えない状況にあったと思います。

そういう意味で「無我」という言葉については、我執、我所執を離れるということと無我をドッキングさせたわけです。両方に「我」という字がありますから。まったく違う原語ですけれど。「我執」というのはアハンカーラといいまして「〝私は〟という思いをなすこと」が我執です。それから「我所執」というのはママカーラといいまして「〃私のものだ〃という思いをなすこと」が我所執です。「私は」と自己に執着するのが我執であり、これは「私のものだ」という思いを形成するのが我所執である。そういう我執、我所執を問題とし、それを否定するのが仏教ですが、この我執、我所執を否定する意味で無我を解釈する。そういう解釈を行ないます。ですから日本の場合は、我執、我所執を離れるということと、我は無いという無我を同じ意味に理解したわけです。

しかしそれは完全に間違った解釈というわけでもないのです。この「私」の中核となるべきアートマンが無いのですから、自らへの執着による我執、我所執は根拠のない執着ということで無我と結びついていくのです。だが語意は違うわけです。とにかくそういったアートマンの存在そのものを否定する。それから最後の「涅槃寂静」、これは輪廻の思想を考えていく場合に、たいへん重要な問題ですので、後で詳しく説明したいと思います。

無我の根拠としての縁起

このような三法印という三本柱があるなかで、私は釈尊がインドにおいて仏教というものを明らかにしていくうえで一番課題としたのは「無我」ということであったと言っていいと思います。この無我という、当時のインドの宗教の常識であるアートマンの存在そのものを否定することが釈尊の目的だったわけです。ですから、「無常」ということ、それは当り前の事実であり、特別なことではないのです。日本では無常のほうが有名ですが、これは当然の事柄であって、当時の社会背景から見ていくと、釈尊は無我を最大の課題としていたと言えます。

そしてその無我を明らかにする論理が「縁起の道理」といわれているものです。縁起というと、縁起がいいとか縁起が悪いとかという言い方で間違った解釈がされておりますけれども、釈尊の言う縁起というのは、みなさんがよくお使いになっている表現でいえば、すべてのものはご縁で出来上がっているということなのです。すべてのものはご縁で出来上がっている。縁によって起こっているという意味です。すべての存在は例外なくご縁によって出来上がっている。そのことを人類史上で一番最初に説いたのが釈尊です。すべての存在は諸々の縁によって成り立っているだけであって、それ以上でもなければそれ以下でもない。このことをはっきり言ったのが釈尊です。これが仏教の基本で、ほかの宗教にはない思想です。ですから、この基本思想をはっきりしておかないと仏教はわかりません。

まあ、どれくらいのご縁によって出来上がっているのかということになりますと、ガンジス河の砂の数を越えていると、こう説かれます。ガンジス河の砂の数には必ず限りがあります。無限であるわけじゃないです。しかし、数え切ることはできません。そういうことを不可思議というんです。わけのわからん神秘的なことを不可思議というのではないのです。「南無不可思議光」ということは、わけのわからない光に南無（帰命）するということではありません。不可思議光というのは、わけはわかっているのです。わけはわかっているけれども、そのわけを人間の知識や才覚では尽くすことができない広大な世界に出会ったとき、人間の知識や才覚の頭の下がったとき、それが不可思議ということなのです。

最初から人間の思考を否定するのは不可思議ではありません。それは、わけがわからないということです。たとえば、キリスト教で神様が世界を創造した。それをどうしてと問うたり、疑ってはいけないのです。仏教はそうではなくて、「どうして」と疑って、わけを尽くしていく。今ここに存在しているこの私の瞬間の命が、たくさんの条件によって成り立っているということは、わけがわかっているでしょう。しかし、どれほどの条件があるのかと問われたら、もうギブアップ、もう頭が下がります。それが不可思議だなあという頷きです。わけがわかっているけれども、私の知識や才覚ではそれを尽くすことができない世界に出会ったときに、それは不可思議という光となって出てくる。不可思議な智慧の世界として展開されていきます。そういうことが不可思議ということであって、わけのわからないことを不可思議というわけではないのです。

そうすると、そういうガンジス河の砂の数を越えるほどの条件が、ただ今の、この私の瞬間の存在を成立せしめている。そしてその条件を取り払っていったならば何も残らず、無我であるということを釈尊は説いたわけです。アートマンは無いと言いたかったわけです。ですから、釈尊の仏教の基本である縁起の道理ということは、当時のインドの宗教界の常識で認められていたアートマンの存在そのものを否定する。当時の宗教の常識を根こそぎ否定するというもので、これは大変なことであったのです。釈尊と似たような教えを六師外道の中でも説いている人がいますけれども、そういう輪廻転生を可能にするアートマンの存在を説かず、もともと存在しないのであるということを縁起という道理によって説明したのが仏教です。ですから縁起という道理は無我ということを説明するための論理であると、そう言ってもいいくらいの意味を持っています。のちに釈尊の弟子たちはいろいろな教理を説きますけれども、私はこの「無我」と「縁起」さえ深く了解すれば、釈尊の教えはほとんど了解できるだろうと思います。

釈尊を神に近づけた仏弟子

仏教においては、輪廻転生を否定するということ、他律的な業報輪廻を否定するということが大眼目であったわけです。ところが、そうできなくなっていく事情が生まれてきます。「自燈明、法燈明」という言葉は、釈尊が亡くなる最後の旅での説法の一つとされております。『大般涅槃経』『遊行経』という経典として釈尊の最後の旅がノンフィクション的に語られていますけれども、その経典が出来上がったのは釈尊が亡くなってから二五〇年ぐらい経ってからと推定されていますから、そうとう後のものです。また私は、釈尊はこれから最後の旅をすると言って旅に出たのではないと思います。釈尊は生涯旅をした人ですから、たまたまその旅が最後になったというだけであって、それを仏弟子たちが、のちにノンフィクション的ストーリーを構築して、それにいろんなものを付け加えて一つの物語にしたのであろうと思いますが、ともかくもそういう最後の旅が説かれており、その中で「自燈明、法燈明」ということが説かれているのです。

釈尊は自らの死が近づいたことを壊れかけた荷車に譬えます。壊れかけた荷車は革の紐でくくられているが、その革の紐がボロボロになって切れたら、荷車は解体します。そういうことを連想していただいたらいいのですが、〝もう自分は疲れた。私という荷車はもう革紐がボロボロになって、いまにも切れそうである。そういう自分の状態である。だから自分はもう間もなく命を終えていかなければならない〟と、こう言われるわけです。

そのときに、釈尊の晩年に側に仕えていたアーナンダが「世尊よ、死なないでください」と言います。そのときに釈尊はそのアーナンダの要請を断って、生老病死するままに自分もこれから涅槃を迎えると言って、自分の死を予告するわけです。自分はいつ解体しても不思議じゃない荷車のような存在である。だから私の死は近いと言われるのです。そうするとアーナンダは「世尊よ、あなたが亡くなられたら、私たちは誰をたよりにしたらいいのでしょうか」と、そういう嘆きを言う。そのときに釈尊は「私はあなた方の指導者であるとか、またあなた方が私をたよりにしているとか、そのようなことは考えたことはない」と語り、

アーナンダよ、自らを燈明とし、自らを依り処とし、他人を依り処とせず、法を燈明とし、法を依り処として、住するがよい。

と説かれるのです。そこに「自燈明、法燈明」という有名な言葉が出てくるのです。

その「自燈明、法燈明」ということだけを多くの人は大事にするけれども、私がより大事だと思うのは、そのときのアーナンダの嘆きです。じつはそこに釈尊亡き後、仏教教団が変質していく要素が暗示されているのです。釈尊が亡くなった後、私たちはいったい誰をたよりにしていったらいいのかというアーナンダの嘆きは、釈尊の遺訓である「自燈明、法燈明」ということを大切にしながらも、亡くなった釈尊その人を帰依の対象にしていく。

もう少しはっきり言いますと、釈尊を神に近づけて、信仰の対象にしていくのです。ここから決定的な仏教の変質が起こるわけです。そのような弟子たちの釈尊に対する素朴な、純粋な敬愛の念が、釈尊の仏教を横道へ曲げていくという経過をたどります。それは釈尊が亡くなってすぐ起こります。

タゴールというインドを代表する詩人で、ノーベル文学賞をもらった人で、大谷大学にも来訪されていますが、タゴールという人は、バラモン階級で、ヒンズー教徒ですけれども、彼は釈尊についての随筆をいくつか書いています。日本でも『タゴール著作集』（第三文明社）として出版されている第七巻に随筆集があり、そこに釈尊のことを褒め讃嘆している小文があります。その中で、釈尊の教えを受け継いだ仏弟子たちの過ちをも指摘しています。まず次のように釈尊を讃嘆しています。

インドにおける釈尊は人間を偉大なものとなさった。カーストというものをお認めにならなかったし、犠牲という儀礼から人間を解放なさったし、神を人間の目標から取りはずしてしまわれた。釈尊は人間自身の内にある力を明らかになさり、恩恵とか幸福といったものを天から求めようとせず、人間の内部から引き出そうとなさった。

この中で、釈尊がカーストによる身分差別を否定していることが、タゴールによっても指摘されています。また、「犠牲という儀礼」というのは生け贄です。その当時のバラモンの宗教というのは、生け贄を捧げて神々の機嫌を得ようとする、そういう素朴な宗教です。現在でも、カルカッタのカーリー寺院へ行くと、豊作の年には農夫が羊を連れて来て、生け贄として捧げます。カーリー寺院へ行くと、目の前で羊の首をはねています。これは神に対する感謝です。それから「来年もまたいい年でありますように」と願いを込めて、現在でも生け贄は行なわれています。そういうあり方での幸せを求めるという「犠牲という儀礼から人間を解放なさったし、神を人間の目標から取りはずしてしまわれた」と。神という存在を人間の目標から取りはずしてしまった。人間の幸福とか不幸が神によって定められるという信仰から人間を解放したということです。そして、

釈尊は人間自身の内にある力を明らかになさり、恩恵とか幸福といったものを天から求めようとせず、人間の内部から引き出そうとなさった。

人間の幸せというものを、守護霊であるとか、霊の祟りを除くとかというような、そういうことによって人間の幸、不幸を決めるといった、そういったものを完全に否定した。

かくのごとく尊敬の念をもって、親愛の心をもって、人間の内にある智慧、力、熱意といったものを釈尊は大いに讃美なさり、人間とは惨めな、運命に左右されるつまらぬ存在ではないということを宣言なさった。

と、見事に釈尊の特徴をとらえて讃嘆しています。

しかし同時に、「仏教における信仰観」という小論の中では次のように言っております。

釈尊はご自分の教えの中ではっきりと信仰心の最高の依り処について指示はなさらなかった。

これは信仰心の最高の依り処としてのヒンズー教の神のような存在を認めないというのは、タゴールからすればひとつの欠点なわけです。当然、最高の依り処を持っているのが宗教だという固定観念がありますから、釈尊はそういうものを否定したわけで、そういう意味においては無神論なわけです。

そのことをタゴールは指摘して、

釈尊はご自分の教えの中ではっきりと信仰心の最高の依り処について指示はなさらなかった。そのため釈尊の信仰者たちの信仰心は、釈尊そのものを虜にしてしまい、信仰心が当然求めていく究極の至聖、至高者、神と釈尊とを一緒にしてしまわれたのである。このように仏教においては、人間の信仰心が必然的に人間を依り処としてしまい、またその信仰心があらゆる限界を打ち破り、神という存在にまで昇る努力をしてしまったのである。

これがタゴールの仏教批判です。仏弟子たちは釈尊を神に仕立て上げた。ヒンズー教徒であるタゴールにとっては、そんなことはありえないことです。人間が神に成るというようなことはありえないことです。ところが仏教徒は釈尊を神にしてしまったという過ちを犯したという指摘です。

釈尊と同じ悟りは得られないと考えた仏弟子

仏弟子たちは、釈尊に対する尊崇の思いから釈尊を神に近づけていったという結果、大きなジレンマに陥ります。神である釈尊の悟りは人間の悟りではない、神の悟りであるということになりますから、そうすると私たち人間は釈尊の悟りを悟れないというジレンマに陥ります。自分が悟ったら神になってしまいますから、これは大変なジレンマになるわけです。

ですから、釈尊の悟りは、人間であるただ今のこの世では悟れない。そうすると困ります。生涯かけて努力して、修行して釈尊の悟りを得ようとしたけれども悟ることはできない。そうすると、やはり生まれ変わらなければならない。何回か生まれ変わることによって釈尊の悟りを得ようとすることになる。釈尊の悟りを共有すべき仏道が、釈尊を神に仕立て上げたために人間には実現できなくなってしまった。そういうジレンマに陥るわけです。そのために仏教の教理として取り入れていなかった業報による輪廻転生ということを仏説として仏教の中に取り込まざるを得なくなったのではないかと考えられます。これは私の独断的な解釈に過ぎませんが、そうしないと自らの修行の完成ができなくなっていくという、たいへんなジレンマに陥っていくわけです。そこで、業報による輪廻転生というインドの宗教界の常識を根底から否定し、業報輪廻による生死の流転の束縛から人びとを解放するための仏教であるにもかかわらず、輪廻転生説を自らの修行の完成のために、仏教の中に取り込んでいくことになるのです。

しかし、釈尊はアートマンを否定してますから、輪廻転生を可能にするためのアートマンのような存在を想定するわけにはいかないのです。そこで輪廻転生を可能にする別の論理を作り出していくわけです。それが阿毘達磨仏教において形成された独自の業論です。

ところで、釈尊の悟りを私たちは悟ることはできないのでしょうか。仏弟子たちのジレンマは、私たちの大乗仏教の伝統の中にまだ生き残っているのです。「釈尊は特別だ」、そういう固定観念があるかぎり仏教は私たちと離れたものとなり、時には神秘思想に陥ることになると思います。釈尊は人間なんですから、人間が悟った悟りを私たちが悟れないはずはありません。ただ、釈尊と私たちの違いは何かといったら、釈尊は無師独悟です。先生がなく、独りで悟られたのです。それに比べたら私たちのほうがずっと条件がいいのです。釈尊もおられるし親鸞聖人もおられます。ですから悟れないはずがありません。それを釈尊だけは特別だとするから、おかしくなるのです。しかし、そういう阿毘達磨仏教において形成された教理が大乗仏教になっても、なお残されていくという、そういう問題を抱えているのです。

もちろん釈尊の悟りを悟るといっても、釈尊の悟りを共有していくということです。釈尊の胸の中の悟りそのものを知ることは誰もできるはずがありません。私が今、お話をしていますが、この私の胸の中を皆さんが知ることはできないのと同じです。それは誰にもわかりませんけれども、言葉とか思想として継承されているものを通して釈尊の悟りを共有するということがなければ仏教徒とはいえません。釈尊の胸のうちだけでなく、誰の胸のうちでもそれはどうであったかということは誰も知りえないという、そういう限界を人間同士は持っています。だから釈尊の悟りそのものを、釈尊の胸のうちに形成された悟りの内実を知ることができるということはありえません。余談ですが、仏陀（覚った者）の特徴として他心智ということが説かれるようになります。他者の心の中を知ることができるということですが、これなども不可能なことに対する超人的な能力を仏陀に付与するということでしょう。

しかし、そこに頷きがあります。頷いて、その教えに共響していく、共有していく。だから共有の仕方はみんな人によって違うわけです。まったく同じだったら、それはおかしな話です。みなさん方は親鸞聖人の教えに頷いて共有しているわけですが、ここに五十人の方がいるとすれば、五十通りの頷きがあるのであり、その内実は同一ではないのですから、五十人の親鸞聖人がいることになります。それはいかなる場合であっても当然なことなのです。

そういう意味で、釈尊が明らかにされた悟りというものを、私たちは言葉や思想を通して共有することがなければなりません。それなのに、それをしてはいけない、それはできないという変な固定観念が今でもあるのではないでしょうか。それはやっぱり一度、きちっと整理していかなければならない問題ではないかと思います。私たちも仏弟子たちが陥ったジレンマに陥ってはいけないので、釈尊はあくまでも人間だったということを、やっぱりきちっと押さえなければならないだろうと思います。

悟りのために輪廻転生を仏説とした仏弟子

仏弟子が、釈尊を尊敬するあまり、神に近い存在にまつりあげてしまった。そのために、私たちは釈尊と同じ悟りをこの世で悟ることができなくなってしまった。そしてその結果として、輪廻転生説が仏説として取り入れられて、何度も生まれ変わって修行を重ねることで釈尊と同じ悟りを得ることができると考えるようになったというのが私の独断的な一つの解釈です。

もっとも、仏道完成のための輪廻転生とはいっても、阿毘達磨仏教の段階ですと、二、三回生まれ変われればいいのです。だいたい二、三回生まれ変わって、最後に六道の中の天の世界に生まれ変わったら悟りを得ていくという程度に終わっているのです。ところが、その発想がどんどん増幅されまして、大乗仏教の後期になってきますと「三劫成仏」などということが言われるようになるのです。三劫を経なければ成仏できない、仏に成れないというとんでもない教理に展開していくわけです。三劫というのは、三つのカルパという時間です。たとえば一つの譬えとして、四十里四方の石があって、その石の上に毎年一回天女が降りて来て、羽衣でサッと石をなぞって、そして天に帰っていく。それを繰り返していくうちに石が摩滅して無くなるのが一劫、そんな譬えがあります。ですから三劫というのは、それは無限に等しい時間です。そういうような無限に等しい時間を生まれ変わり死に変わりして、無限に等しい流転を繰り返さなければ仏に成れないというところまで突き進んでいってしまいます。

ともかくも、釈尊が明確に無我として否定した輪廻転生説を仏説として取り込まざるを得なくなった、ひとつの大きな原因として、自らの仏道を完成するためにそれが必要になったからであると言えます。

ところが、そこで仏弟子は困ったのです。釈尊は輪廻転生を論理的に可能にするアートマンの存在を否定しました。もっとも釈尊は、悪いことをしたら地獄の苦しみを受けるというようなことを説かれています。たとえば『法句経』などにおいては「地獄編」という一編まであって、そういうことが説かれていますから、釈尊は輪廻を認めていたという学者もおります。けれども、それでは釈尊は輪廻転生を可能にする何らかの論理を説いたのかといったら、何にも説いていません。それは社会の常識として、悪いことをすれば地獄に堕ちると説いたにすぎないのです。アートマンを否定した段階で、ほかの論理をもって輪廻転生を可能にする論理を釈尊は説いておられません。もちろん輪廻転生を認めていないわけですから、説く必要もなかったわけです。

しかし、のちの仏弟子たちは、何らかの論理を持たなければならなくなりました。アートマンという霊的存在を認めないで、どのようにして輪廻転生を可能にするのか。それを考え抜いて、阿毘達磨仏教は見事な論理を生み出していきます。たとえば説一切有部という学派が主張する論理です。阿毘達磨仏教というのは、釈尊亡き後の仏教のことで、大乗仏教が興起したあとも仏教がインドから消えるまでずっと存続します。多いときでだいたい十八から二十の学派に分かれたと言われていますが、文献として残っていて、その学派の教理を明確に知ることができるのは二つの学派しかありません。一つは、説一切有部です。これは漢訳を中心に文献が残っています。もう一つは、大乗仏教が興る以前に南方に伝わった南方仏教が保持している「パーリ大蔵経」です。「南伝大蔵経」としてその日本語訳もされております。南伝仏教をテーラヴァーダといいますが、それは長老たちによって説かれた仏教という意味です。釈尊の高足の弟子たちによって説かれた仏教という意味です。それがパーリ語で残されている「大蔵経」です。パーリ語というのは、釈尊が実際に使われた言葉に非常に近い言葉ではないかと言われています。それは、マガダ国の一つの方言ではないかという学者もいます。

それで、漢訳のほうに残っております説一切有部の文献は、完璧に近いかたちで経・律・論という三つがそろっているわけです。教えを説いている経。それから比丘・比丘尼という出家者たちの生活規則を説いている律。それから、その経と律に対する解釈である論。それが経蔵・律蔵・論蔵という三蔵です。その三蔵によって、その学派の教理というものを知ることができるわけです。その三蔵というかたちでそろって残っているのが北伝の説一切有部と南伝のテーラヴァーダの「大蔵経」なのです。

その説一切有部の基本的教理は「三世実有、法体恒有」という、この一句に見事に集約されております。これは世親の『倶舎論』を通して法相唯識などにおいて『成唯識論』等と関係もしてくるのですけれども、かつてはサンスクリットやチベット語が知られない時代、明治の初期までこれがどのように読まれていたかというと、「三世は実有であって、法体は恒に有る」と読んでいたのです。ところが、原典を見ますと、そうではないのです。阿毘達磨仏教は時間というものを実在視しませんから、「三世は実有」ではなく、「三世にわたって実有である法体は」と、法体の実有しか認めておりません。ですから「三世実有」というのは「法体」の形容詞です。そうすると、「三世にわたって実有である法体は恒に有る」というように、サンスクリットやチベット語から読むと、そう読まざるを得ないということになります。

この教理は見事です。私たちを構成している法（事物）の体（本質）は、未来・現在・過去にわたって実在するという考え方です。そして法体という事物の本質を、説一切有部では七十五数えます。その七十五の法体のいろんな組み合わせで、それぞれの存在が成り立つ。簡単に言うと、そういうことです。そうすると、いま私がこうして存在していることの瞬間も最大限七十五の法体、一番少ない場合が八つの法体から成り立つと。いろんな組み合わせがあるのですけれども、最大限七十五の法の本質のいろんな組み合わせによって、ただ今の私のこの瞬間は成り立っている。そして一瞬の後に、この私の存在は入れ代わっていく。一瞬、一瞬、入れ代わっていくという、そういう考え方です。

そして過去の私を見ることはもうできません。しかし、この論理でいきますと、過去にも未来にも法体は実在している。本質的には七十五種だが、細分化していっぱいある。それらが未来から降りてきて現在の一瞬を形成し、一瞬の後に過去へと落ちていく。この現在だけは一刹那です。一刹那というのを、ある数学者は一秒の三十分の一だというんですが、そういう一刹那だけ存在して、過去へと消えていく。そうすると、未来にも現在にも過去にも私たちを形成する法体は恒に有る。これで輪廻転生は可能になります。一瞬、一瞬、入れ代わっていくわけです。

矛盾をかかえる阿毘達磨仏教

ある学者は、これを映画のフィルムのリールに譬えます。未来にまだ映らないフィルムが巻き付けてあって、光が当たっている一コマだけが映るわけです。これが現在の一瞬です。それが続くことによって、その中で人間が動くわけです。映し終わったフィルムは、また巻き取られて残っていく。そういうかたちで、未来にはまだ映っていないフィルムがあるし、過去にはもう役目を果たしたフィルムがある。現在の一瞬というのは、そのようにしてあるんだと、そういう説明をします。これはおもしろい譬えだと思います。

なぜならば、残念ながら私はこの一瞬しか存在していませんから、昨日の私と今日の私はそうとう変わっていると思います。そうとう入れ代わっていると思います。これは科学的に言っても入れ代わっています。そうとうの細胞は死んで排出されています。新しい細胞が生まれています。そういう意味では、昨日の私と今日の私はそうとう入れ代わっているから同じとは言えません。これが二十年経ったらどうでしょうか。そういうことを考えると、うまいことを考えたなあと思います。まあ、全部入れ代わるというと、ちょっと極端な感じがしますけれども、この論理でいくと全部入れ代わっていくんです。これがタイムスリップすると、どういうことになるんでしょうか。一日タイムスリップして過去へもどると、もしかすると昨日の私がそこに存在しているかもしれない。三世にわたって私を私たらしめている存在の本質が実在すると、そういう考え方です。

これを学生時代に『倶舎論』の講義を学んだときに、私は思わず苦笑しました。アートマンを認めるわけにはいかないから、自分が生まれ変わって修行を続けるためにはどういう原理で輪廻転生を可能にしたらいいかということに、そうとう頭をしぼって苦心したのです。出来上がった論理のほうから見たら、それほどでもないのですが、これを作り上げていくときには、そうとうな思索をしたんだろうと思います。

こういうかたちで霊的なアートマンのような実在は認めないけれども、私たちを構成するあらゆる要素の本質は、未来・現在・過去にわたって実在するから、その人の行なった業の報いによって、業縁によってどんどん形は変わっていく。たとえば私が死んで焼かれて灰になるのも業である。そういう業の結果、灰という形になって私は姿を変えるのです。そして姿を変えた私は、また新しい生まれとして業の報いによって生まれ変わっていくのです。業が意志をもって働く、そこに阿毘達磨仏教における独自の業論が形成されていきます。

ただ、三世にわたって実在しているものが、一瞬一瞬の人間の存在のなかで業を行なう、行為する、善を行なう、悪を行なう、いろんな行為を行なって、その行為の報いを受けて次の存在へと変化していくと仮設するわけですが、ちょっと論理的に弱い面があるだろうと思います。業というのは一つの行為ですから、行為が必ず次の存在を生み出す力が本当にあるのかどうか、それは論理的に無理があるだろうと思います。そのために、そこで業を三種として設定し、一つめは果を引かない単なる行為としての業と、二つめは仏教における作法としての業、たとえば声明だとか儀式だとかです。それから三つめとして果報を引く業というものを設定するわけです。この果報を引く業を設定すること、すなわち、業にアートマンの役割を持たせることによって輪廻転生を可能にしようとしたわけです。このように業を三種に分類するということは苦肉の策とはいえ、それに厳密な意味での根拠を持たせることは困難でしょう。しかし果を引く業を設定しなければ輪廻転生は不可能になります。とにかく、そういう独特な業論によって輪廻転生というものを可能にする教理が作られるわけです。

ところが、これにはそうとう無理があるのです。ですからその無理を指摘されると、それをまた補う論理を加えていかなければならない。それでいろんな矛盾が生じると、その矛盾を解消しようとする論理をまた加えていきます。そういう意味で、阿毘達磨仏教というのは非常に難解になっていきます。それは教学的に、体系的に難しいということではないのです。単純なんです、考え方は。ただこういう実体的な論理を積み重ねていくと、いろいろな矛盾が起こります。その矛盾を解消しようとする絶えざる努力が、ちょうど落ち葉の上に次の落ち葉、次の落ち葉と重ねていくように論理を構築していくものですから、そういう意味で難しいのです。最初からきちっと筋道が立っていれば、話は難しいはずがないのです。筋道が立たなくなると立てようとする。また立たなくなると筋道を作ろうとする。そういう積み重ねの上に阿毘達磨仏教というのがありますから、非常に内容的に難しくなってしまうのです。

難しい阿毘達磨について「唯識三年、倶舎八年」といわれています。『倶舎論』は、阿毘達磨仏教の内容を説明している代表的な書物ですけれども、理解するのに八年かかるといわれるのです。しかし、考えてみてください、八年もかからなかったらわからないような仏教が、一般の人にとってどんな意味があるのでしょう。よけいなことですが、「唯識三年、倶舎八年」というのも、どうもいい加減な説らしいのです。「桃栗三年、柿八年」、あれに模したという説もあります。また『倶舎論』は三十巻あって、『成唯識論』のほうは十巻しかないから三分の一だとか、いずれにせよ語呂合わせに「唯識三年、倶舎八年」といっているとか、決定的な根拠はないようですが、とにかく難しいということを言わんとしているのです。

そのようなことで、私たちを構成している存在の本質は三世にわたって実在するという考え方が出てきたのです。そうすると、おもしろい問題が起こります。一瞬に入れ代わるのなら、一瞬後に私が猿になっても不思議ではないのに、どうしてそういうことが起こらないのか。そこで同分を引くという説明が出てきます。同じようなものを引っ張ってくるはたらきをする本質が実在する。そういうはたらきをもっている実在が七十五の中にあるというように、同分を引くはたらきというようなものを実在として認めていくわけです。私の肉体とか心とか以外に、同じようなものを引くというはたらきすらも実在として認めていく、認めざるを得ない。そういったたぐいの矛盾がいろいろ出てくるのです。

釈尊の因果論を客体化した仏弟子

阿毘達磨仏教がこういう実体論を形成したときに、最大の欠陥が生じたのは因果論であると私はいつも言うのです。釈尊は決して因から果を考えたことはありません。果において因を自覚する、果から因を考えた方です。たとえば、現在のわが身の苦悩という果において原因を追求したときに無明であるとか、渇愛であるという原因を見い出していったわけです。これが仏教と科学の違いです。科学は因から果を仮設していきます。仏教は科学ではありませんから、身の事実を明らかにしていくのが仏教ですから、そういう意味では身の事実に立っているわけです。科学的で他律的な仮設では困るんです。ですから、あくまでも現在に立って、自己の身の事実に立って過去を明らかにしていく。たとえば、釈尊が生老病死という自己の苦を感じる。苦悩とみなす自己を見たときに、自分の命に対する無智を彼は発見した。無智に至りついた。だから無智が原因となって自分の今の苦悩が起こっているのだということを説いたわけです。

ところが仏弟子たちは、それを逆から考えたわけです。無智があるから苦悩があると。これはとんでもない間違いをしたわけです。苦悩という事実なしに、その原因としての無智を先に考えたわけです。無智であれば必ず苦悩が起こるでしょうか。そんなことはありません。無智なるがゆえに苦悩を知らない人はいっぱいいます。現代社会を見てください、無智なるがゆえに苦悩を感じない人はいっぱいいます。

釈尊は苦悩という結果において無智を自覚したのです。そこにある明確な区別をきちっと分けないといけない。たとえば、私は昨日は適当な酒をいただいて楽しく時を過ごしたから、快適にぐっすり眠らせてもらって、二日酔いせずにこうして話をさせてもらっています。しかし、そのとき三合でやめておけばよかったのに五合飲んで二日酔いになったとしましょう。そのために二日酔いになって頭が痛いという苦悩を見たときに、どうしてこんなに頭が痛いんだろう。昨日は三合でやめておけばよかったのに五合も飲んだから頭が痛くなったんだなあといって自己反省ができます。

ところが、それが逆転したらどうでしょう。五合飲んだら二日酔いになると決めたら、これは矛盾がいっぱい生じます。体調が悪かったら三合でも二日酔いになります。そうすると、五合でなくて三合でも二日酔いになることも起こるわけですから、その場合は体調がよくなかったからであると条件をつけなければいけないことになるわけです。一升飲んでも二日酔いにならないときもある。友人とわいわい騒ぎながら楽しい酒を飲んだら、一升飲んだって、次の日はカラッとして二日酔いにならない。そうすると、そういう場合は二日酔いにならないと、また条件をつけなければならないわけです。ですから二日酔いになったという結果を踏まえて自己反省をして、ああ昨日は五合飲んだからだなあと。この次からは三合ぐらいに止めておこうというところで苦悩の原因がわかるのであって、それを逆転してしまったら、いっぱい矛盾が生じるわけです。

阿毘達磨の仏弟子たちの因果論の矛盾は、果において因を自覚するという方向を因から果へと逆転したことによるのです。それを逆転しないと実体論は成立しません。そのようにして、阿毘達磨仏教という難しい、難解な法相を構築しなければならない状況に自らを追いつめていったわけです。

しかし、この阿毘達磨仏教というのは非常に大事だと思います。これを若いときに徹底的に学んでおいたほうがいいです。いつまでも、生涯これに止まっていると、仏教はわからずに終わりますが、本当の仏教の目的を明確にするためには、一度は阿毘達磨仏教を学んだほうがいいと思います。なぜならば、それによって本当の仏教が見えてくるということがあると思います。とにかく阿毘達磨仏教というのは、そういうかたちで輪廻転生を可能にする論理を整備していったわけです。

釈尊の仏教に帰った大乗仏教

それに対して大乗仏教運動が二千年ぐらい前に興ります。大乗仏教がどういうかたちで興ってきたかということは、ほとんど解明されていないと言っていいと思います。それは複雑多岐にわたる。いろいろな人たちによって、いろいろなあり方で大乗仏教は興ってきた。しかし、ただ一つ共通点を持っているのは「釈尊の仏教に帰れ」という旗印です。釈尊の仏教に立ち返ろうという旗印だけは共有しております。学僧であっても、文学者であっても、詩人であっても、芸術家であっても、あるいは一般の仏教徒であっても、基本は釈尊の仏教に立ち返ろうという旗印のもとで、それぞれの個性をもって大乗仏教運動が展開されていきます。

詩人たちは釈尊の生涯を謳います。釈尊が生まれて亡くなるまでの生涯の物語を、仏伝文学といいます。仏伝文学が作られたのは、大乗仏教運動の始まる頃から作られていきます。釈尊の生涯をつづった文献というのは、それまではありませんでした。これが紀元前後の頃にいろんな形で釈尊の生涯が文学として語られるようになります。実在の釈尊を学問的に明らかにしようとするというのではなく、釈尊を讃嘆するというかたちで、文学のレベルで釈尊の生涯が謳われます。

アシュヴァゴウシャという人の『ブッダチャリタ』というのが一番有名な、代表的な仏伝文学です。漢訳では『仏所行讃』、仏の所行を讃える。アシュヴァゴウシャは漢訳で馬鳴です。アシュヴァというのは馬です。ゴウシャというのは嘶きという意味です。ですから、これは芸名だと思います。説一切有部に所属する比丘であったといわれていますけれども、馬の断きのような澄んだ甲高い声で歌を唄って歩いたんですね、きっと。それで馬鳴というんでしょう。

言葉というのは声で表現するものです。文字になったときに言葉の堕落が始まります。言葉というのは常に響きなんです。文明が進むと言葉は響きを失って文字になります。そこで言葉の本当の意味が失われていくということがあります。ですから釈尊亡きあと、その説法を文字にしなかったのは、神聖な言葉は文字にしないとか、大切なものは口伝でもって伝承されていくとか、いろいろ説がありますけれども、私は言葉を文字にすると本当の意味が伝わらないからだと思います。言葉は響きであり、讃歌です。だから釈尊の教えは謳わなければいけないのだという、そういうことがあったのではないかと思います。文字にしてしまうと真意が伝わらないというような、そんな思いがむしろあったのではないかと思うのです。とにかく詩人たちが釈尊の生涯を讃嘆しはじめます。

それから芸術家たちは仏像を刻みはじめます。芸術家たちは、まずいろいろな仏伝の場面の中に釈尊の姿、あるいは釈尊の修行時代の菩薩の姿を彫刻しはじめます。そして次第に釈尊だけの尊像を刻むようになります。また哲学者や思想家たちによっては、阿毘達磨仏教は釈尊の言葉にとらわれて意味を見失っているように思われたのでしょう。だから大乗仏教の経典は言葉にとらわれずに、釈尊が何を説こうとしたのかという、その意味を明らかにするという立場から大乗経典がどんどん説かれていきます。また在家信者は、釈尊の遺徳を讃えて作られたストゥーパ・仏塔を礼拝することによって釈尊を偲んでいくというような仏塔信仰運動のなかで、釈尊は次第に人びとの中に生き生きと再び立ち返ってくるわけです。

大乗仏教が興って二百年ぐらい経った時に、大乗仏教の教えを思想的に体系化したのが龍樹という人です。すでに述べましたように、親鸞聖人が龍樹を釈尊の後継者とみなしたところに七高僧の第一歩が始まります。『入楞伽経』の「楞伽懸記」をわざわざ引いて、龍樹をもって釈尊の後継者と位置づけられたのが親鸞聖人です。

その龍樹が書かれた『根本中論偈』という主著の「帰敬偈」が大変重要です。「帰敬偈」というのは、その書物を作成するにあたって自分が尊敬している人に捧げるもの。誰を尊敬し、誰に自分は帰敬してこの書物を書くかという帰敬の対象を表明しているのが「帰敬偈」です。ですから大切な著作をする場合は必ず「帰敬偈」があるわけです。たとえば「文殊菩薩に帰命したてまつる」とか、そういうような「帰敬偈」があるわけです。その上で自分の仏教理解、自分が信解した仏教というものを展開していくというかたちをとるわけです。

その『根本中論偈』の「帰敬偈」において「縁起を説きたまえる世尊を、説法者たちの中で最も勝れたお方として帰命いたします」と語られているのが大事なのです。なぜかというと、龍樹はバラモン出身です。初めは仏教徒じゃありません。ところが仏教に転向するわけです。ですから龍樹の時代、紀元二世紀頃から三世紀、今から一千八百年ぐらい昔、そのころもまたインドにおいて文化が栄えた時代ですけれども、いろいろな宗教家がいて、いろいろな説法がなされていたと思います。仏教だけじゃありません。インドのいろいろな宗教、あらゆる宗教者が「われこそは」と競って説法していたと思います。

しかし、バラモン教徒であった龍樹はいろいろな説法者の説法を聞いたうえで、「縁起を説きたまえる釈尊」が最高だと認めたわけです。さまざまな説法がなされているけれども、その中の最高の説法者は「縁起を説きたまえる世尊」、この人こそ最高だと彼は讃えているのです。このことは軽く見逃してはいけないと思います。説法者はいっぱいいたけれども、そしていろんな教えを聞いたけれども、「縁起」を説いている世尊こそが最高だと龍樹は最終的に仏教徒になったのです。

縁起を空性と説いた龍樹

そしてその第二十四章の第十八偈においては「縁起ということを私たちはそれを空性と説く」と宣言しているわけです。これも大事です。釈尊が説いた「縁起」ということを自分たちは「空性」と説くのである、こう言い切っているのです。このことがなぜ大事かというと、『根本中論偈』は二十七章・四四九偈で構成されています。それで私はもうずいぶん以前ですけれども、その四四九偈の中で龍樹の主張が一人称で表明されている教えがどれほどあるかを調べました。そうしましたら、わずか五偈しかないのです。あとは第三人称による論理的主張です。「私たちは」とか「私は」というのは五偈しかないのです。しかも、その中の一つは先ほど申しました「帰敬偈」です。縁起を説きたまえる世尊を最高の説法者として私は敬礼いたします。サンスクリットというのは、たいへん便利な言語で、人称がはっきりわかります。一人称で説いているということは、本当に一番大事な主張です。そのことに誰も注意しなかったのです。それを見ていきますと、一人称で釈尊の説いた仏教の最も大事な点を押さえているのです。その一つがこの偈で、「縁起ということを私たちはそれを空性と説く」といって一人称で主張しているのです。

そうすると、今までの学者は「空性」とか「空」という言葉は先行する阿毘達磨仏教にも有るとか無いとか、そういう詮索をしますが、しかし龍樹は「私たちは」と、空という主張を一人称で説いているのです。誰かが説いているから説くんじゃないのです。ですから阿毘達磨仏教に説かれている「空」を示しているのではないのです。「私たちはそれを空性と説く」と、釈尊の「縁起」のことを「空性」と説くと、こう言い切るのです。

それから『入楞伽経』に説かれている「楞伽懸記」の中に「有と無との両方の邪見を砕破し」とありましたが、それは「悉能摧破有無見」と『正信偈』にも出てきます。有と無の両方の見解を破すると、ここのところも第一人称で語られています。簡単に言いますと、この「悉能摧破有無見」ということは、死後にアートマンが存続するというのが有見であり、アートマンは死後に存続しないというのが無見ですが、どちらもアートマンの存在を前提としているわけで、アートマンの存在そのものを否定しているのが仏教ですから、この有という見解も無という見解も、ともに否定されるということです。これも非常に大事な釈尊の教えです。それをちゃんと一人称で説いているのです。それからアートマンの否定も一人称で主張されています。四四九偈もあるのに、一人称で自己主張されているのはわずか五偈だけですが、そこには釈尊の仏教の基本がきちんと取り上げられているわけです。

ところで、漢訳における「空」のサンスクリット原語はシューニャといいます。このシューニャという言葉は、数学におけるゼロという意味なんです。それを中国では「空」と訳した。空というカラッポという意味の字を当てはめたのです。カラッポとゼロはちょっと違います。『ゼロの発見』という書物が岩波新書にありました。たいへん面白い本で、四世紀頃にゼロという数学上の概念を発見したのがインドです。それより先に、そのゼロを意味するシューニャという字を使って、龍樹は釈尊の説いた縁起を説明したわけで、これは非常におもしろいと思います。

ですから縁起しているものはゼロなんです。数学でいうゼロというのは、そこからプラスもマイナスも無限大に生み出されていくような概念です。ゼロというのは何も無いという意味ではないのです。それでは何か実体的なものが有るかといいますと、そのような実在ではない。そこからあらゆる可能性が生み出されてくる、それがゼロという概念です。

ですから、釈尊は私たちの存在は縁起である、ガンジス河の砂の数を越えるほどの条件によって成り立っている存在であると説いたことに対して、龍樹はその条件を全部取りはずしてしまった状態をゼロと言った。すべてのものは本質的にゼロであることを発見せよというのが龍樹の基本になるわけです。ゼロという概念の中に、私たちは無限大に近い、ガンジス河の砂の数を越えるほどの条件を備えて、いま己れという存在を存在たらしめられている。しかし、己れ自身はゼロだと。ゼロの発見をせよという、この空・ゼロという真実に目覚めることによって明らかになる真実、それが「空性」ということです。

龍樹は阿毘達磨における実在論を徹底的に批判します。龍樹も阿毘達磨、特に説一切有部の学説を学んだ人です。徹底的に学んだ末に、徹底的に批判していくという経緯をたどります。ゼロの発見をせよと。そして己れがゼロであることの発見をうながすのが念仏だと龍樹は押さえているわけです。仏を念ずるということは、己れがゼロであることの発見をうながすものであるというのが龍樹の基本思想です。

念仏によって空三昧を得る

念仏を用いるが故に、空三昧を得る。

と説いている『般舟三昧経』という、龍樹がたいへん大事にした経典があります。『教行信証』にも、『十住毘婆沙論』を用いて、親鸞聖人はこの『般舟三昧経』の所説を何か所か引用しております。『般舟三昧経』の漢訳が二つありますが、その中の一つに、「用念仏故、得空三昧」と説かれています。「念仏を用いるが故に、空三昧を得る」という、これは『般舟三昧経』の基本をあらわした言葉です。

大乗仏教の形成のなかで、仏というものを過去世・現在世・未来世というかたちで分けていったときに、過去世の代表が燃燈仏です、未来世の代表が弥勒菩薩です、現在世の代表が阿弥陀仏です。阿弥陀仏というのは現在世の人間が直接関わる仏です。そういう位置づけです。弥勒菩薩は未来世の仏で、来世に出会える仏です。もう出会ってしまったのが燃燈仏です。現在生きている人間が直面する仏の代表が阿弥陀仏です。そういうわけで、『般舟三昧経』というのは「阿弥陀仏を代表とする現在の諸仏が面前にお立ちになる三昧」を説いている経典という意味なんです。それを省略して『般舟三昧経』と言っているのです。

もう少し原典的に言いますと、「般舟」というのはプラティウトパンナというサンスクリットの音写語です。プラティウトパンナというのは「現在」という意味です。「現在の諸仏が面前にお立ちになる三昧を説く経」という経名から、現在と三昧だけを残し、「諸仏が面前にお立ちになる」という言葉を省略したわけです。漢訳のなかでは『般舟三昧経』と言わないで『現在仏立面前三昧経』と、その原名通りに漢訳している場合もあります。経典名は「現在の諸仏が目の前にお立ちになる三昧を説く経」ですが、現在の諸仏の代表者は阿弥陀仏ですから「阿弥陀仏を代表とする」という言葉を上に加えると、「阿弥陀仏を代表とする現在の諸仏が面前にお立ちになる三昧を説く経」となるわけです。

それでは、どのようなことが『般舟三昧経』に説かれているのかといいますと、それには時代背景があると思います。釈尊を讃えて仏像がどんどん造られていきますけれども、百年、二百年と時代を経ると、釈尊を讃えて造られたはずの仏像が偶像化していきます。そしてそれに対して何かを求める、現世利益を求めるような偶像崇拝の対象に変わっていく、そういう状況が出てきたのではないかと思います。そして、釈尊の像にお参りをして、頼みごとをするという現世利益信仰となる。純粋に釈尊の徳を讃えて造られた礼拝の対象が、いつの間にか偶像崇拝の対象へと質的転換をしてしまう。そういうことにどうしてもなってしまう。寺院の本堂にある阿弥陀如来も、もしかすると偶像崇拝の対象になっているかもしれません。本尊に手を合わせれば何かいいことがあるというようなことになってしまう。そういう状況が生まれつつあったのでしょう。『般舟三昧経』では、そういうあり方を次のように批判しています。

善男子よ、仏を念ずることを完全に保ち、確実に保って習修を多くなせば、この阿弥陀仏の世界に生まれることになるのである。仏を念ずることを完全に保ち、確実に保って習修を多くなせば、この阿弥陀仏の国土に生まれることができるのである。善男子よ、それでは彼の阿弥陀仏を念ずるというのはどのようなことであるかといえば、すなわち如来を心に想うことである。どのように心に想うかといえば、如来を想像せず、認識せず、執着せず、まったく認識せず。分別せず、妄分別せず、まったく知覚しない。そのように如来を認識することなく心に想うことによって、一切は空であると観想する彼の空三昧を得ること、それこそが念仏と名づけられるのである。

どのように如来を心に想うのかといえば、如来を想像してはいけないというのです。認識してはいけないというのです。如来に執着するな、頼みごとをするなということでしょう。如来を分別して、如来を認識対象として知覚的にとらえてはいけない。そういうように如来というものを対象として知覚的にとらえないで、心に想うというわけです。それが仏を念ずるということである。こういうような空の思想によって、如来を偶像化して礼拝する傾向を見事に打ち破っているのです。そういう役割を果たしているのが、この『般舟三昧経』です。「念仏を用いるが故に、空三昧を得る」という『般舟三昧経』の一句は、端的にそのことを表明しているわけです。一句で言い切っているわけです。「仏を念ずる」という念仏とは何のためにあるのかといえば、龍樹にとってはこの身の事実がゼロであるという自己確認をするために阿弥陀仏を念ずるのであるというのが基本になっているわけです。

この「般舟三昧」については、『教行信証』の「行巻」の中にも「般舟三昧はこれ父なり、無生法忍はこれ母なり」と『十住毘婆沙論』に基づいて引用されています。無生法忍とは、後にも説明しますが、空性という真実が明らかになるということです。そうすると、念仏というものは自らの身の事実を確認する。釈尊の言葉であれば縁起という身の事実、龍樹の言葉でいえばゼロ（空）という身の事実を明らかにするのが念仏であるということになりますが、これはなにも『般舟三昧経』にかぎって説かれていることではなく、仏教の基本思想なのです。

たとえば、身近なところでいえば、『観無量寿経』がそのことを「見仏得忍」として説いています。この場合の「仏」というのは阿弥陀仏です。阿弥陀仏を見ることによって忍を得る。忍とは無生法忍のことです。これが大乗仏教の基本です。仏を見ることによって忍を得る。『観無量寿経』の一番最後、韋提希が悟りを得ていくところの情景がそうです。

仏身および二菩薩を見たてまつることを得て、心に歓喜を生ず。未曾有なりと歎ず。

廓然として大きに悟りて、無生忍を得。

とあります。阿弥陀仏とそれに随う観音勢至の二菩薩を見たてまつることを得て、心に歓喜を生じ、ありえないことが起こったと讃嘆し、今まではどうして私はこういうひどい目にあうのかと涙ながらに愚痴をこぼしていた韋提希が晴れ晴れとした顔になって、大きに悟って、ゼロという身の事実を確認する無生忍を得たと説かれているわけです。

これはどういうことかといいますと、要するに阿弥陀仏を見るということは、無生法忍を得るということに他ならないということです。その中間にある「心に歓喜を生ず」とか「未曾有なりと歎ず」ということは、その内実をあらわしているわけです。ですから今まで気づかなかった真実の世界が明らかになった、目覚めた、それを未曾有と歎ず。阿弥陀仏を見るということは、そういう内容をもって無生法忍を得ることなのです。

「無生法忍」というのは、空性ということです。この私は、ただ今ここに私として生まれているけれども、じつはゼロであったと認識することが無生法忍です。私が生まれていたのではなかったということが明らかになるということが無生法忍ということです。今、ここに、私が存在しているけれども、そしてこの私は確かに存在する私だと思い込んでいるけれども、じつは私といわれる確かな何かが生まれているのではない、「無生」であるという確認をしたのが無生忍です。これをより正確に言うと無生法忍です。この場合の

「法」というのは、存在という意味です。ですから「私が、私が」といって私がここに存在していると思い込んでいたけれども、この私は無生なる存在であり、ゼロというあり方で存在しているということが明らかになったということが無生法忍です。韋提希は、そういう無生法忍を得たと説かれているのです。これが仏教の悟りです。

この悟りを得られないと決め込むからおかしくなるのです。韋提希はちゃんと悟りを得ているのです。釈尊の足元に泣き伏して、私の息子の阿闍世を父親を殺すような悪い息子にしたのはあなただといって釈尊に愚痴を言っていた韋提希が最後に無生法忍を得ているわけです。大きな悟りを得て晴れ晴れとしているわけです。韋提希はまさしく凡夫の代表です。愚痴たらたらの凡夫の代表の韋提希が、阿弥陀仏を見ることによって無生法忍を得たのです。これが「念仏を用いるが故に、空三昧を得る」ということなのです。

空・ゼロに目覚めよと呼びかける本願

ですから、このことを抜きにしては仏教はないのです。これが仏教の基本ですから、その基本に目覚めをうながすはたらきが仏の願いなのです。そういう己れの本来のあり方、龍樹の言葉でいえば己れ自身がゼロであるという目覚めをうながすはたらきが仏の願いです。それ以外に仏の願いはないのです。それを本願というのです。そこのところをはっきり言わなければなりません。本願によって願われているとはいうけれども、本願とはどういう願いなのかということは言わないのです。本願は何を願っているのかというと、四十八願があるという。そうして四十八願の一願、一願を説明するわけですが、それでは駄目です。その四十八願という形をもって、いったい何を願っているのか。四十八願の内容は、それぞれのテーマによって変わっているだけですから、そのようにテーマを変えながら、仏は私たちに何を願っているのか、そのことが問われなければなりません。

たとえば、本願とは人間が本当の人間になれよと願っているといっても、意味不明でしょう。「本当の人間」とは、いったい何なのか。仏教でいう本当の人間というのは、己れがゼロであることに目覚めた人間というのが仏教の基本です。このような願いはキリスト教にはありません。イスラム教にもありません。これは仏教だけの願いです。ほかの宗教は真似できません。それを本願というのです。

それなのに本願について、真宗を語りながら、「本当の人間なれ」と願っているのが本願であるとか、どの宗教でも言いそうなことばかり言っている。そのへんのところが曖昧になってきている。如来の本願が仏教であるということを置き忘れているのです。そして仏教である以上は、釈尊が「縁起」と悟り、龍樹がゼロの発見と言っているその基本が仏教そのものであって、それ以外に仏教はありません。そういう空という、ゼロという己れに目覚めよというのは、仏教だけの願いです。その願いをなんとか人びとに響かせようとして、いろんなかたちで四十八願が説かれているのです。願の数はいくらでもいいんですけれども、いろんな内容をもって人間に問いかけている、それが本願です。

私たちのただ今の存在は、釈尊の教えにおいては縁起であって、ガンジス河の砂の数を越えるほどの条件によって、ただ今の、この一瞬一瞬の命を生きている。生まれて死ぬ命、それを「生死」というのです。生まれて死ぬ現象です。ではその一瞬一瞬の命を、己れ自身で生きているのかといえば、そうではない。己れといえるものは何も無い。縁起しているだけである。もろもろの条件によって、ただ今存在している。しかも自分というものが先にあって条件があるのではなく、いろいろな条件が自分と成っているわけですから、その条件を取り払っていったら、自分といわれるものは何も残らない。空であり、ゼロである。しかしゼロであるにもかかわらず、多くの条件によって、ただ今、ここに存在している。空である私が今ここにいる。こういうあり方が私たちの、ただ今のあり方なのです。

そうしますと、私たちがこの娑婆の縁尽きて命終わるときはどうなるのでしょうか。釈尊が亡くなったとき何といったでしょうか。「入滅」というでしょう。この「滅」のことを「涅槃」というのです。涅槃ということは、この苦悩の生死の世界が静まったという意味です。「涅槃寂静」という言葉がありますが、涅槃というのは寂静を意味します。これは空と同じことを言っているのです。この生死と空の関係は「生死即空」であり、「生死即涅槃」ということです。滅に入ったということは、空なる本来にもどったということです。それが浄土に還る、還浄ということで、それはもとにもどるということです。入滅するということです。滅に入ったということは、静けさにもどったということです。娑婆のこのただ今の営みが終わって静けさにもどったということです。ですから、三法印の一つとしての「涅槃寂静」は釈尊の往生論であると言ってよいのです。

これが仏教の基本ですけれども、それを禅的な表現をとれば、一休の句に、

引き寄せてむすべば草の庵にて、解くればもとの野原なりけり（一休和尚法語）

というよく知られている一文があります。一夜の雨露をしのぐ庵を、そのへんの草を切り取ってきて束ねて庵を造って、その中で一夜を過ごす。しかし、その束ねて造った庵はいずれまた結び目が解けて、もとの野原にかえっていく。人間の存在というのは、そこに一時的に造られた雨露をしのぐ庵のようなものである。これが一休の言い方による入滅ということです。

金子大榮先生は「お浄土は故郷である」と言われました。これも入滅です。浄土は故郷へ還ることである。このように入滅という原理をどのように表現していくかは、いろんな表現の仕方があるわけです。入滅といわれると味気ないが、浄土は故郷であるといわれると、なんとなく還ってみたいという気になります。

しかし原理的にいえばもとにもどる、ゼロにかえるということです。それを無上涅槃といい、大涅槃といいます。これに対して、私たちのただ今の存在は生死即涅槃というあり方です。その無上涅槃、入滅ということを説いているのが『無量寿経』の第十一願で、必至滅度の願です。この入滅ということを必至滅度、必ず滅度に至らしめるという願です。

これを大経往生といってます。これが真実報土に生まれることであると『浄土三経往生文類』の中ではっきりと親鸞聖人は説明しています。真実報土とは縁起・空という真実が報われた世界という意味です。ほかには『観無量寿経』に説かれる観経往生もあるし、『阿弥陀経』に説かれる弥陀経往生もある。どれをとるかは面々のはからいですが、しかし、大経往生である必至滅度ということが、真実報土への往生です。このことを『浄土三経往生文類』の中で親鸞聖人は諸文献によって説明しているわけです。しかし必至滅度ではつまらないから、どこか安楽な美しいところへ往生したいと自力の分別をなす人は善根功徳を積んで、あるいは賢善精進の生活をして、修行してそういう死後を願ったらよいし、あるいは臨終に阿弥陀如来の来迎を願う人は臨終往生したらよいのです。それが観経往生です。しかしそれは真実報土への往生ではなく、方便化土への往生であると区別されています。方便化土とは真実報土を実現する方便としての化の世界です。あるいは、必至滅度・入滅といわれても信じきれず、疑いを持ったままの入滅が弥陀経往生です。これも真実報土への往生ではなく、方便化土への往生である。仏智の不思議を信じきれない、人間の分別を捨てきれない難思往生である。そういうように三部経に順じて往生が明確に分けられています。

よく往生は死後か現生かなどと議論しているけれど、その人が死後だと思えば、それは死後でいいわけですし、それだったら観経往生か弥陀経往生でいいわけです。親鸞聖人は大経往生しか説いていないかというと、そうではないのです。『教行信証』にも「方便化身土」の巻が最後にあるように、観経往生にも触れているし、弥陀経往生にも触れているわけです。『小経』の往生はこうですよ、『観経』の往生はこうですよ、そして『大経』の往生はこうですよと説いているわけです。しかし、親鸞聖人自身としては大経往生こそが真実報土に生まれることだと。大経往生でなければ真実報土は実現しない。そのことが明らかになったのが「現生に正定聚の位に住し」ということであると説き明かしているわけです。

しかし、それでは寂しいから、やっぱり死んだら金ぴかの阿弥陀仏がおられて迎えてくださる、そういう美しい世界がいいなと思ってる人も多くいるのではないでしょうか。ですから、みんなが大経往生でなければならないといったら、門徒は半分どころか、ごく小数になってしまうかもしれません。だが私たち自身がその原理をきちんと心得ていなければばならない。その真実に私たちが目覚めていなければならないと思います。『正信偈』にも「成等覚証大涅槃、必至滅度願成就」といって、覚りを成し遂げて、大涅槃とはどういう世界かが明らかになるということが必至滅度の願が成就することであると説明されています。その必至滅度の願を用いて、親鸞聖人はそれを大経往生として押さえているのです。

生死即涅槃なりと証知せしむ

これまでのことを踏まえて、大経往生の内容を確かめますと、「大経往生というは、如来選択の本願、不可思議の願海、これを他力ともうすなり」。他力というのは親鸞聖人におけるゼロの発見です。それを親鸞聖人は絶対他力と表現しているのです。日本仏教の宗祖たちでゼロの発見を表現している人はそんなにいません。親鸞聖人はそれを自力無効・絶対他力と表現しているのです。しかも自分の身に振り当てて「さるべき業縁のもよおせば、いかなるふるまいもすべし」という自覚に立って、絶対他力というかたちで、自己のゼロの発見をしているのです。これが親鸞聖人の仏教です。

さらに続いて大経往生について、

これすなわち念仏往生の願因によりて、必至滅度の願果をうるなり。現生に正定聚のくらいに住して、かならず真実報土にいたる。これは阿弥陀如来の往相回向の真因なるがゆえに、無上涅槃のさとりをひらく。これを『大経』の宗致とす。このゆえに大経往生ともうす。また難思議往生ともうすなり。

これが親鸞聖人の入滅ということなのです。ですから真実報土というあり方での無上涅槃ということを必至滅度の願というところでおさえて、自力の計らいとしての分別を越えた、仏智の不思議を信じる難思議往生としての大経往生ということが親鸞聖人の基本です。

それに対して私たちのただ今の現在は、「生死即涅槃」というあり方です。私たちは単に生死に生きているわけでもないし、もちろん涅槃に生きているわけでもない。生死即涅槃というあり方の中で、今の身を生きているのです。私たちは生死だけを生きているのではないのです。本来はゼロである己れ自身が、娑婆の縁によって、ただ今の生死を生きているのです。そういうあり方を「生死即涅槃」というのです。『正信偈』には「証知生死即涅槃」といって、そういう生死即涅槃という己れのただ今の身の事実が明らかになったときに、「即得往生、住不退転」という身の事実が明らかになるということであり、それが「現生に正定聚に住す」ということなのです。

仏教では「無生の生」とか「無義の義」とか「無用の用」とか、こういう逆説的な言い方がよくなされますけれども、もう明らかだと思います。「無生」というのは、己れに対するゼロの発見です。ゼロの発見により己れは、己れとして無生であるけれども、娑婆の縁において生死というかたちをとってただ今の生を生きている。それを「無生の生」というわけです。「義」というのは意味ということですから、「無義」というのは意味を持たない。それはゼロということであり、何の意味もないが、小川一乗という意味を持って、ただ今ここに存在している。それが「無義の義」ということです。「無用の用」も同じことです。それはイコール「生死即涅槃」です。「生死即涅槃」を「無生の生」といってみたり「無義の義」といってみたりしているわけです。

この点について、親鸞聖人は「自然法爾章」の中で、

ちかいのようは、無上仏にならしめんとちかいたまえるなり。無上仏ともうすは、かたちもなくまします。かたちもましまさぬゆえに、自然とはもうすなり。かたちまし

ますとしめすときは、無上涅槃とはもうさず。かたちもましまさぬようをしらせんとて、はじめに弥陀仏とぞききならいてそうろう。弥陀仏は、自然のようをしらせんりょうなり。

本来的にゼロである浄土を知らせんとして、はじめに弥陀仏の本願があるが、それはゼロという身の事実を、すなわち自然の様子を知らせようとする材料であると言っているわけです。

そして、それに続いて、

この道理をこころえつるのちには、この自然のことは、つねにさたすべきにはあらざるなり。つねに自然をさたせば、義なきを義とすということは、なお義のあるべし。これは仏智の不思議にてあるなり。

本来的にゼロであるという自然のあり方は無義ということであり、その自然ということを常に沙汰してはいけないというわけです。常に言えば、自然ということが何か意味のある特別なものであると、「義」となってしまう、「無義」であるのに「無義の義」となってしまうというわけです。ですから、これは仏の智慧の不思議だと。なぜならば、ゼロということは無義の世界です。それが義として姿を現すときに私たちの世界がある。ところが、ゼロ、ゼロと言っているといつの間にかゼロが何らかの特別の意味を持った義になってしまう。実際にはその当時「自然」ということを何か特別の状態とか、自然という絶対的な実在を想定する自然の観念化があったのでしょう。そうすると今度は、ゼロの根底にまた無義を考えることになる。そういうジレンマに陥っていく。

そういうジレンマに陥ると、たとえば、無我なら無我という場合、無我ということはゼロのことです。私たちは無我であるけれども、私という仮初めな「我れ」として生きているわけです。それを無我だ、無我だと言ってしまうと、無我にならなければならなくなってくる。この私の現存在を無我として否定しなければならなくなってくるというジレンマに陥るわけです。無我が義になって、「無我になる」という、とんでもない発想が出てくるわけです。

ところが仏典には「無我になる」ということは説かれていません。「無我を知れ」と、「無我であることを知見せよ」と説かれています。「無我になれ」とは説かれていません。生死即涅槃というあり方にいる以上は、生死を離れて涅槃だけになることはありえません。

生死即涅槃というあり方で生きていながら、本来的には自分は無我であることを知見せよと、そのことを仏典は絶えず説いています。無我になるとか、無我になれとは説いていません。無我になれということは、これは無理な話で、それは死ねということです。

そういうジレンマに陥っていくから、ゼロとか自然という無義の世界は「仏智の不思議」であり、義の世界の事柄としてはいけないと、こう言っているわけです。親鸞聖人は、そういう観念論に陥ってしまうことを注意しているわけです。

浄土真宗は大乗の中の至極なり

司馬遼太郎さんの発言を少し紹介します。司馬さんが亡くなった後、『週間朝日』に未公開の講演録が連載されていますが、その中で「臓器移植と宗教」というテーマの講演録（三重大学医学部創立五十周年記念講演）を見る機会がありました。臓器移植ということに関心があるものですから読んだのです。そうしましたら、その中にはおもしろいことがいっぱい書いてあって、みなさんの耳に痛いところを読んでみましょう。

サンスクリット語で霊魂のことをアートマン、我と言います。アートマンは有るというのがインドの主要な宗教ですが、お釈迦様は認めなかった。仏教では我もまた仮のものだ。無我こそが仏教の本質だという。釈迦の後の弟子たちも認めず、日本でもずいぶん論議されましたが、結局、霊魂は無いとしてきた。そうやって頑張ってきたのが日本の正当的な仏教の人たちでした。ですけどね、坊さんがそんなこと言ったら檀家さんがつきません。霊魂はなんとなく有るということを言わなくては信者はつきません。

ちょっと痛いところを突かれてませんか。霊魂は無いというと、日本民族はなんとなく違和感を感ずる。だから坊さん方も、本当は無いことはわかってても言えないんだと。それは年忌法要によって生活をしていかなければならないから言えないんだと、司馬さんは言うのです。

だけど私は司馬さんの考え方は間違っていると思います。私たちは霊魂は無いと、今こそ言うべきであると思うのです。今こそ、そのことを言わなかったら日本仏教はますます駄目になってしまう。なんとなれば、現代の多くの人は決して霊魂の存在を本気で認めていないからです。特に最近の新興宗教などによって霊の祟りだとか言われていることに対して、ほとんどの人はおかしいと思ってます。それなのに日本のどの仏教も、それをおかしいと言わない。それでイライラしているのが多くの人だと思います。今こそ大きな声で獅子吼したら、真宗はきっと注目され、多くの人から支持されると思います。勇気をもって獅子吼したら。それをなぜしないのか、私には不思議です。今こそチャンスだと思うのです。ほかの仏教の真似をして年忌法要に明け暮れ、惰性に押し流されていたら、結局は真宗も同じだという話になります。

それから司馬遼太郎さんは、仏教の基本思想であるゼロ・空ということを教えてくれたのが十三世紀の親鸞聖人だと言い切っているのです。そして、

十三世紀に親鸞が空を説明してくれた。空というのはマイナスのイメージではなく、どこかキラキラしたものだと日本人なら思っています。

と。このように龍樹の空・ゼロの思想によって親鸞聖人の仏教の真価を説明しているのが私の立場ですが、たぶん今のところそれを仏教思想の基本の立場から論理的に説明しているのは私だけであるはずであるのに、すでに司馬さんが、そのことを明言しているわけで

驚きました。ちなみに、この問題を詳しく説明しているのが、私の『大乗仏教の根本思想』（法藏館）です。

そして司馬さんはこのようにも言います。

比叡山でも高野山でも、一生懸命修行して善人になろうとしている。ところが親鸞は、そんな修行は要らない。阿弥陀如来を、つまりゼロを讃美すればいいと言う。比叡山の坊さんはみな怒ったでしょう。

と。入滅するのに修行は必要ありません。例外なくすべての人が入滅するわけですから。必至滅度するわけですから。摂取不捨ですから。それがゼロの発見ということです。阿弥陀如来を讃えるしかないのです。

ですから、法然上人が本願を選び取ったということは、仏の願いを選び取ったということです。そして仏の願いとは何かといったら、ほかの宗教ではまったく説いていない仏教独自のゼロという自己発見を説いている。そのことへの目覚めを願っているのだと。だからこそ『末燈鈔』の中で「選択本願は浄土真宗なり」と、「浄土真宗は大乗のなかの至極なり」と、こう言い切っている。そこには親鸞聖人の並々ならぬ自信があるのです。本物に目覚めた強みです。それなのに私たちはそのことをあんまり重要視してこなかった。親鸞聖人は真実に出会った歓喜に満ちて、たいへんな自信をもって「真宗」は「大乗の至極」だと言い切っているのです。

あるいは『歎異抄』の第二条にも、

弥陀の本願まことにおわしまさば、釈尊の説教、虚言なるべからず。仏説まことにおわしまさば、善導の御釈、虚言したまうべからず。善導の御釈まことならば、法然のおおせそらごとならんや。法然のおおせまことならば、親鸞がもうすむね、またもって、むなしかるべからずそうろうか。

これは親鸞聖人が居直りをしているのではないのです。これは釈尊から七高僧への伝統に対する確認をした上で自信をもって言ってるわけです。釈尊の仏教が龍樹によって明らかにされ、それに続く六人の祖師によって継承されて、いま自分のところに至り着いているんだという、これが本物の仏教なんだという自信のほどがそこに吐露されているわけです。

それから「摂取不捨」ということについても司馬さんはこう言ってます。

いやだ、いやだと逃げまわっても、阿弥陀如来は追っかけて来て救ってくださる。い

やだ、いやだと思っても、結局は死ぬ。阿弥陀如来の思う壺になって死ぬのですが、
それを裏返しにして素晴らしいと礼讃する。こういう思想を持った民族はいません。いくら「いやだ、いやだ」と言っても、お前を浄土に連れて行くんだと。行きたくないと言っても、全部連れて行くんだと。それが摂取不捨ということです。いやだという人は来なくてもいいよといったら、これは摂取不捨にならないわけです。「いやだ、いやだ」と逃げまわっても、首根っこを捕まえて浄土に連れて行くのが阿弥陀如来である。結局、人間は死ぬので、死ぬということは入滅するということです。いやでも、浄土に行ってしまうわけです。だから思う壺になる。しかもそれを、すばらしいなあ、ありがたいなあと讃嘆する。そういう思想を持った民族は他にいませんと言っていますが、それはちょっと司馬さんの認識違いだと思います。民族の問題ではなく、それが仏教なのです。己れがゼロであることを発見したものにとって当然なのです。「いやだ、いやだ」というのに、首根っこを捕まえて浄土へ連れ込まれていく。それをありがたいなあ、すばらしいなあと受けとる、これが仏教の基本なのです。『歎異抄』でも親鸞聖人が言ってるでしょう。浄土なんて行きたくないと言ってるんです。踊躍歓喜の心が起こらない、当たり前です。しかし、

それなのに阿弥陀如来はちゃんと浄土に連れて行ってくれる。ありがたいなあとしか言いようがないわけです。

それから司馬さんは私の関係する臓器移植についてもこう言っています。

私の臓器を他の人に移し代えたところで拒絶反応を起こします。私の臓器には我があるのですね。移植した後、拒絶反応を押さえ続けなくてはならない。私の臓器は万人にフィットするというふうには出来ていません。拒絶反応は人類の中で自分がただ一人の人間であるということを語っているわけです。荘厳な感じさえします。

彼は拒絶反応を讃嘆している。これで人類の中で己れがただ一人の存在であることを語っているわけで、そのことに荘厳な感じさえする。これが仏教の基本です。娑婆の自我の世界では、一刻でも、一瞬でも長生きしたいと思って生きているけれども、しかし私たちは一人ひとり、誰に代ってもらうこともできない、ただ一つの命を生きているということを拒絶反応が証明してくれている。そこに荘厳さを感ずると言っているのです。そういった自分の命に対する目覚めといいましょうか、そういうことを司馬さんが親鸞聖人を通して了解を得ているということは、すごいと思います。

こういうことで、己れの身の事実に目覚めよというながしが如来の本願である。それが還相回向であり、それが私たちの往相回向として現にはたらいてくださっている。そういう願いに目覚めさせられ、目覚めるはたらきとして、うながしとして如来からの二回向がこの私の身に常に降り注いでいる。「大悲無倦常照我」、そういう身の事実への目覚めによって、「選択本願は浄土真宗なり」と言い切っているわけです。真実の仏教に目覚めた親鸞聖人の自信がそこにうかがえると思います。

輪廻転生を否定しきれない仏教

釈尊は、インド人が抱いている死への不安、同時に輪廻転生への不安を根こそぎに解決されたのです。そのことは、その当時としては画期的なことであり、まったく新しい宗教として仏教は登場したということです。

輪廻転生という生命観が常識となっているインドの宗教状況の中で、最初の初転法輪のときに、五人の仲間たちが次々と悟りを得ていく。そして最後の五人目が悟った姿を見て、

釈尊は喜んで、そのときに、

もうこれが最後の生まれであり、再び迷いの生存、輪廻に生まれ変わることはない。

という確信が持てたと吐露されます。やっぱり釈尊といえども、輪廻転生を否定する自らの教えが本当に普遍性を持っているのだろうかという不安があったと思うのです。それを五人に説法し、彼らが目覚めたことによって、それを確信した。これで間違いないんだという、そういう自信を持たれたということだと思います。ともかくも輪廻の世界はこの世かぎりであるという、それが仏教の基本です。

それでは死んでどうなるのかということは、すでに述べたように、入滅という言葉で表明される、滅に入っていく。涅槃という静けさにもどっていくということです。ところが釈尊が亡くなって間もなく、仏弟子たちは自らの仏道を完成するために、仏教の中に輪廻転生説を仏説として取り込んでいって、仏教の教理として位置づけていきます。一方において、インドの人たちの大多数は、やはり輪廻転生の呪縛から抜け切れないでいるわけです。そこのところに次の問題が起こってくるのです。

日本においては、死後の霊魂の存在、タマとかカミとか言われているような存在を信じています。ホトケという言い方も同じだと思います。死んだらタマに成る、カミに成るということと同じ意味で、死んだらホトケに成ると、こう言うのでしょう。これは仏教本来の思想ではありません。しかし、そういうかたちで、死後の霊魂の存在を認めているのが日本の民族宗教だと言えますが、インドにはそういうような死後の霊魂思想はありません。必ず何かに生まれ変わるわけですから、死後の世界に残るような霊魂は存在しません。ですから先祖の年忌法要などありません。先祖の霊魂がそのへんに彷徨っているとは思っていないからです。私たちが年忌法要を行なうのは、やっぱり先祖が死後の世界に霊魂として存在しているということが前提になっているわけです。だからこそ慰霊を行なうとか、追善供養をするとか、そういった年忌法要が行なわれているわけです。真宗はそうじゃないと思いますけれども、年忌法要を行ない、亡くなった人の霊魂を供養することによって、それと引き替えに死者に護ってもらい、災いがこないようにしてもらうという、そういう取り引きをするわけです。それは霊信仰、死後の霊魂の存在を認めているからです。

キリスト教ではどうでしょうか。死は輪廻転生を意味するわけではなく、キリスト教でいえば神の最後の審判を、裁きを受けるまで静かに眠っている。だから弔辞で「天国でお眠りください」と言うのはキリスト教です。いずれ神が地獄へ行くか天国へ行くか、最後の審判をするから、それまで眠っているということになります。

ついでながら、弔辞で「ご冥福をお祈りします」というのは、これは日本の神道の影響を受けた発想でしょうか。仏教では死して空・ゼロの寂静へと還る、無上涅槃が実現されるわけですから、迷いの世界である冥界に往生することを説くはずがありません。ですから、冥土の幸福を祈るという冥福は、霊が死後は冥土に行くというかたちで霊の存在を認めているわけです。

このように、ほとんどの宗教が、死後の霊魂の存在を何らかのあり方で認めているわけですが、それぞれに特殊な相異した了解をしているにすぎず、普遍的な共通の了解があるわけではないのです。そういう意味では、じつにいい加減な勝手な霊信仰であり、生きている人間の都合によって作り上げられている霊存在といえます。したがってそれは人類全体のための霊信仰とはなりえないのです。そのような各別のバラバラな霊信仰を否定したところに、仏教は人類全体のための世界宗教となっているわけです。

ところで仏教は、転生ということを根こそぎ否定したのですけれども、インドの一般の人びとはなかなかそれを受け入れることができないのです。しかも仏弟子たちは、輪廻転生を受け入れていきます。そして在家の仏教徒に対しては、僧伽に布施を行なえば天に生まれることができるという生天思想を説きはじめます。自らは修行を続け、何度も生まれ変わって仏に成ることを出家者は目的としている。しかし、在家信者は仏に成れない。そこで出家者に布施という行為を行なうことによって天に生まれ変わることができるという生天思想を説くようになるわけです。これは出家教団の維持のための見事な教理です。これで出家者は安心して修行に専念できます。このような生天思想を釈尊が聞いたら驚かれることでしょう。

生天思想の天というのは、地獄・餓鬼・畜生・阿修羅・人・天という六道（六趣）の世界の中での天です。ですから、迷いの輪廻の世界では最高の世界です。つまり、出家者の比丘・比丘尼に布施を行なえば、迷いの世界とはいえ最高の位の天に生まれることができるという教理を作り出すのです。この教理によって、出家者は托鉢に出れば必ず布施がもらえる。それで食事の心配はなくなりますし、在家の信者は死して天に生まれることができるから喜んで布施します。両方にとって、とても便利な教理となるわけです。

それからまた、この輪廻転生を利用したところにジャータカ物語などの前生譚というものが作られるようになります。釈尊は過去世において自分の命を投げ出して他の命（ほとんどは人間以外の動物などの命）を救ったから、この世において悟りを開くことができたという、そういう釈尊の悟りを讃えるためにジャータカ物語が作られます。これも輪廻転生を前提にしています。しかし、善いことをしたら悟れるのでしょうか。悟りと善行はまったく別の問題であり、あまり関係はないと思うのですが。

ともかく、教団に布施をすれば天に生まれることができるとか、釈尊は過去世において善いことをしたから悟りを得られたとかいうように、輪廻転生説を取り入れながら、道徳と仏教を結びつけていきます。キリスト教などは神との契約というあり方で最初から道徳と宗教が結びついていますが、仏教にはそういう面が欠けているわけで、それで輪廻転生説によってそういう面を取り入れていくようになるのは、必然であったと言えないわけではありません。

仏典の中では「善因楽果、悪因苦果」と。善いことを行なえば楽が与えられる、悪いことを行なえば苦が与えられるということが、当然のことのように説かれるようになります。

しかし、どうでしょうか。他律的なそんな因果関係は論理的にも現実的にも成立し得ないでしょう。善いことを行なったら必ず楽が与えられるでしょうか。楽が与えられて当然であると思うけれども、そんなことはものすごく非現実的です。今の私たちの身のまわりを見てください。善いことをして楽が与えられる人がどれだけいますか。悪いことをして楽をしている人のほうが多いのではないでしょうか。そのような人は死んだら地獄に堕ちると言ってみたところで、それは単なる慰めでしかないでしょう。しかし、そのようなことを前提とする輪廻転生説を取り入れてしまうわけです。

生天を願う人びと

そこで生天思想ですけれども、天に生まれるというような教理が生まれたことは、逆から言うと、在家信者は決して入滅を願ってないということを物語っているわけです。やはり、生まれ変わりたいのです。もっと幸せな身分に生まれ変わりたい。これがその当時のインドの一般の人たちの願いだったのです。悟りを求める出家者たちは入滅して仏に成ることを目的としたけれども、輪廻転生ということが常識となっている社会に身を置いている一般の在家信者は、死んで入滅するよりも、もっと安楽な世界へ生まれ変わりたいというのが切なる願望だったのです。ですから、布施を行なって天に生まれることを望んだわけです。

しかし、それでは仏教の入滅という、輪廻転生の世界からの救済という目的が達成できません。そこで説かれだしたのが浄土思想ではないでしょうか。天に生まれるという輪廻の世界を超えて、念仏すれば仏の国に生まれさせる。六道を超えさせる。これはすごいことを説きだしたわけです。どうしても輪廻転生への願望から抜けきれない人びとを救済していくために浄土思想が形成された。仏国土に生まれたら、もう輪廻転生はしません。仏国土は六道を超えているからです。そして仏の国に生まれさせることによって、そこで初めて入滅という目的を達成する。生まれ変わりたいという素朴な感情をそのまま受け入れて、仏の国に生まれさせて入滅という目的を完成させる。そういう構造をもって形成されてきたのが浄土思想ではないでしょうか。

どの仏国土に生まれるかということは、初期の段階ではいろんな仏が説かれ、その国土が説かれていますけれども、最終的には阿弥陀仏の極楽浄土に生まれることができるという一仏一仏国土に集約されていくのです。どうしてそこに集約されていくのかということはよくわかりません。けれども『般舟三昧経』に説かれているように、阿弥陀仏は現在世の諸仏の代表であるという意味で、阿弥陀仏のいる極楽世界が主要になっていったのでしょうか。あるいは「極楽」という仏国土の名が魅力的だったのでしょうか。龍樹の時代には、もうすでに阿弥陀仏の極楽世界ということに浄土思想の内容は限定されています。『入楞伽経』の中に説かれている釈尊の授記の中でも、安楽国、すなわち極楽世界に龍樹は赴くと明示されていますから、そのころには仏国土に生まれ変わるというときの仏国土とは、極楽世界に定まっていたのであろうと思います。あるいは阿弥陀仏という名前で示される「光明無量、寿命無量」というのは、仏教の思想的な救済の原理を表現している最もふさわしい内容と言えるからでしょうか。仏の名前もベストだし、国の名前もベストだし、それから現在の諸仏の代表が阿弥陀仏であるというような、いろんな要素が重なって、いつの間にか阿弥陀仏の極楽世界ということに定まっていったのでしょう。

ですから命終われば極楽に生まれるということは目的じゃないのです。これは手段です。

輪廻転生の世界からの救済としての入滅こそが目的なのです。そのことを見事にきちっと押さえたのが親鸞聖人です。ところが中国で曇鸞以降に浄土教というものが成立します。浄土思想に基づいて浄土教が成立します。インドには浄土教はありません。浄土思想を説く経典はあっても、浄土教というものは成立しておりません。

ところが中国に成立した浄土教は、その手段を目的にしてしまったのです。死後に安楽な世界に往生することが目的となったわけです。昔のように貧困と病気のなかで苦しんだ人たちにとっては、そういう苦しみのない世界に生まれ変わりたいと、極楽に生まれることが目的になってしまったわけです。そこに大きな変質があるわけです。そうすると、そんな安楽な理想の世界に往生するにはタダでは行けない。そのためには賢善精進し修行しなければならないとか、念仏の回数が多くなければならないとか、いろいろな条件が課せられることになるわけです。

しかし、本来の入滅ということを実現させるための手段として仏国土に往生させるという思想には条件はいらないのです。条件をつけることはおかしいのです。入滅は例外なしですから、無条件でなければいけないのです。しかもそれは単に無条件であるだけでなく、仏のほうからそれを願っている、他力としての仏の本願である、そういうのが浄土への往生ということです。極楽世界に生まれさせるという仏の願いは、あくまで手段であって、仏国土に生まれさせることによって、仏教の救済の原理である入滅・無上涅槃を実現させるのが目的だったわけです。

ですから親鸞聖人は、自然法爾章の後のほうで「弥陀仏は、自然のようをしらせんりょうなり」と、入滅という自然のあり方を知らせる材料だと言い切っているわけです。阿弥陀仏の極楽世界に往生させるという誓いは「自然のようをしらせんりょう」である。命の自然なあり方を教える材料だと、こういうように最終的には親鸞聖人は浄土思想の目的に至りついているわけです。三十五歳で法然上人のもとに帰依した親鸞聖人が、九十歳で亡くなるまで、その信心に変化がなかったとは考えられません。やはり、晩年のところに、最終的に至りついた親鸞聖人の仏教の神髄があるわけです。五十歳のときの了解と、六十歳のときの了解と、八十歳のときの了解が同じであるはずがありません。同じだったらおかしいのです。親鸞聖人といえども、五十歳のときには五十歳の了解があるし、六十歳のときには六十歳の了解がある。どんどん思索が深められていくなかで、「弥陀仏は、自然のようをしらせんりょうなり」と言い切っているわけです。ここに阿弥陀仏の極楽世界に生まれさせるという誓いは、自然のようを知らせようとした手段だということをはっきり言ってるわけです。ですから仏国土・極楽世界に生まれることができると説いた浄土思想は、それを手段として輪廻転生の世界からの救済としての入滅・無上涅槃という目的を実現しようとしたのであると、こういうことが原理的に言えるのではないかと思います。

入滅という仏教の救済原理

ですから、みなさん方もいろんな立場で、いろんなところで、この入滅・無上涅槃という目的を達成するためにはどういう手段がいいのであろうかと、現代的にいろいろ摸索していかなければならないと思います。現代人に「死んだら極楽という理想世界があって、黄金に輝いていて、鳥がうたい、花が咲き、そういう美しい世界がある」といっても、誰も本気にしないでしょう。それを本気にした時代はそれでよかったわけです。そうすると私たちは、入滅という仏教の救済原理を実現するためには現代の人たち、これからの人たちにどういう表現をとっていったらいいのか、これがこれからの課題になってくるかと思います。

表現の仕方は非常に難しいと思います。たとえば、「死んだらどうなるのですか」という質問を受けたときに、それに対してどう応答していくかということも、質問をされた方のレベルによって変わります。原理ばかり言っても駄目ですから、そのへんが難しい。それなのに、そのへんがなおざりにされてきているのではないでしょうか。

ある本山の新任の住職方の研修会で、

「死んだら私たちはどうなるのでしょうか」

という質問を受けたらどう答えたらよいのでしょうか、そういう質問を受けて困っているのですという問いがありました。そのとき、

「行き先ばかり気にしないで、どこから来たかを考えたらどうでしょうか」

と問い返したのです。行き先ばかり考えないで、どこから来たかをきちっと問うてみたらどうでしょうか。この命はご縁によっていただいたんだなあと。そうしたら、どうなるかおわかりでしょう。ガンジス河の砂の数を越えるほどのご縁の中で、ただ今の命をいただ

いているという、その来し方を領くことができたら、命終えてどうなっていくかという、その世界が見えてくるわけです。

そういう答え方をしましたら、一番遠くに座っていた年配の住職が、

「先生、そんなどこから来たかとか難しいこと言わないで、死んだら極楽へ行くでいいじゃないですか」

と。そうなんです。「死んだら極楽へ行く」でいいんです。そういう答えで、質問された方が「わかりました」と言ってくださったら、何にも問題はありません。ところが、現代ではそれが通じなくなっているから、「極楽とは何ですか」とか、いろいろな問題がどんどん返ってきますから、そのときに昔通りの教条を振り回しても、現代の人たちはちっとも頷いてくれません。「死んだら極楽へ行く」。それで「わかりました」となったら、それでいいんですよ。本当にそうなのです。

ところが、そうなっていかないのが現実ですから、浄土思想というものも、そういう時代の要請を受けて形成されてきたわけです。入滅・無上涅槃という仏教の救済原理を実現させるために極楽世界に生まれさせる。念仏さえ称えたら悟りの世界に行けるんだという

ことを、時代の要請を受けて説いたのです。そういうような必要性から浄土思想は始まったのです。浄土思想の果たした役割、よりよき生まれを願うインドの輪廻転生のしがらみから抜けきれない人びとに対して、浄土思想が果たした役割は大きなものであったと言えるだろうと思います。

そういうように、時代によって対応は変わるけれども、自分の存在に対する強い執着が死後の世界に対して何かを求めていくという、そういうのが人間の断ち切ることのできない自らの生存へのしがらみというものでしょう。そして現代はどういうことになっているかというと、ほとんどの人たちは現在の生のみを増幅して、死をタブー視して「死んだら終わり」と、死を絶望と考えていると思います。「死んだら終わりさ」という言葉に代表されるような救いのない絶望、死を絶望と考えている。

しかし死が絶望でしかないとすれば、それに耐えられない。それでそういう人たちは、自らの幻想のなかで死を迎えようとするわけです。死後は安楽な幸せなところだという幻想を抱かせる。かつての浄土教に似たような幻想を抱かせる。たとえば、一時流行りました臨死体験。死の寸前までいって、そして死なずに生き返った人たちの体験談をＮＨＫのテレビで立花隆さんが編集していましたけれども、そういう臨死体験。何のためにあんなことを問題にするのですか、何が目的だと思いますか。臨死体験で生き返ってきた人は、みんな美しい世界を見ているんです。光の世界であるとか、花園の世界であるとか。これは人間の究極的な限界状況に意識が置かれたら、みんな歓美な体験をするわけです。決して恐怖に満ちた体験をしません。苦しい体験はしないのです。私は若いとき、よく貧血を起こしました。五、六時間も意識不明のときもあり、死にかけたこともありました。貧血で倒れると、ものすごく気持ちがいいのです。そういうような臨死体験を語らせることによって、死というものは恐くないよ、けっこう楽しいよ、幸せだよという幻想を与えるわけです。そういうことによって死への不安をおさえていこうとする。一種の神秘体験です。神秘的な体験を通して死への恐怖をなくそうとする。そういう現代人の要望のひとつのあらわれが臨死体験のブームといったものにあったわけです。

臨死体験のテレビを見た門徒の一人が、次の日の朝、寺にやって来て、昨日の臨死体験のテレビを見て安心した。誰一人として地獄に堕ちそうになった人はいなかったというわけです。これで安心だというわけです。そういうような幻想を抱かせる。このような臨死体験を聞いて死への恐怖を解決しようとする神秘主義的方向と、「死んだら終わりさ」という絶望のなかで死を迎える虚無主義的方向、だいたい二つに分かれているのが現代ではないでしょうか。

幻想の中で死を考えるということを、日本人は気楽にやっています。今朝でしたか、漫才師の人が亡くなりまして、その葬式の様子が放映されていました。その中で、もう一人の相方の人が弔辞みたいなものを言ってる言葉で、やっぱりそういうことを言ってるんです。

「私もこの世だけじゃなくて、死んだらまたあなたと一緒に漫才をやりたいから、先に行って閻魔さんに、相方が来たら私のところへ来るようにと、ちゃんと頼んでおいてね」と、そんな弔辞を読んでいるわけです。それはあくまでも幻想です。しかし、それで納得しているのならかまいません。たとえ弔辞における作り話にしても、そういう幻想の中で死というものを考えていく。

あるいはＮＨＫの「あぐり」という連続テレビの中でも、やっぱり死んだ父や姉たちが死後の世界にいて、生きていたときにかぶっていた帽子やら着物を着ているのはどういうわけかわからないけれども、死にかけているあぐりに向かって「こっち来い、こっち来い」と死後の世界へと誘うわけです。にこにこ笑って、こっちへ来いと。誘われて行ってしまったら死ぬわけです。ところが後ろを振り返って見たら、自分の夫が浮気をしている。それを見て誘いを断ち切って、この世にもどり、あぐりは死なずにすんだ。あれは臨死体験の真似事をやっているわけです。ああいうかたちで死というものを、死後の世界で今は亡き家族や親や友人に会えるという幻想を抱かさせる仕方で、気楽に幻想の中で死を納得させていくという方向です。

しかしそれだけでは現代人は納得しませんから、いま盛んになっているのは神秘主義です。死後の霊を神秘的な存在として実在視し、それを証明しようとする神秘主義がポストモダンの宗教として大きな役割があるかのように主張されています。そういうようなことで、とにかく神秘主義による幻想の中で死を迎えるか、あるいは絶望の中で死を迎えるか、このいずれかになっているのが現代です。

その間に割って入って、入滅という仏教の救済原理は非常に大きな意味を持つのではないかと思います。ある意味では「死んだら終わりさ」という絶望の中にいる人たちにとって、入滅が救済原理となりうるのではないか。そこにあるのは、自分の命に対する認識が違うだけです。

ただ今あるこの自分の命がどういう命であるかということへの問いかけを共有していくならば、彼らは絶望でない死を認識していけると思います。仏教は死に特別な意味を与えようとせず、涅槃寂静を説く、そういう意味で、仏教は「死んだら終わりさ」という発想と非常に近いところにあると思います。ただ今の自分の命はゼロであるという、ゼロの発見ということにさえ彼らが目覚めたら、死への絶望は生きていることへの諦念へと変わるでしょう。その命への発見がないから「死んだら終わりさ」と言って絶望しているだけで、その絶望は容易に入滅へと質的転換をしていくと思います。

こういうように、私たちが死というものをどのように引き受けていくのかということのために、輪廻の思想も、霊とか霊魂とかという存在も、死後の世界についてのそれぞれの発想によって幻想されているだけなのです。しかし仏教における入滅という救済原理は、それらと同じレベルのものではないということです。

仏教波浪史観

最後に、仏教は現代まで二千五百年の歴史を持っていますが、そのなかで仏教の文献として残されているものをすべて仏教の教えと見なすというのが一般的な考え方かと思います。しかし、それらすべてを仏教として統一的に考えようとすれば混乱を起こします。ところが、すべての仏教文献の根底に一貫しているのが仏教の真理であり、レベルの高い本でも低い本でも、その根底に流れている唯一つの真理がある。それが仏教だと考えるのが仏教学者です。しかし仏教の文献といわれているものの中には、仏教と似て非なるものがいっぱい含まれているのです。非仏教的な文献がどれほどその中に含まれているか。現在でも、新興宗教とか新宗教、新新宗教とかが、自分たちの教えは仏教であると主張しているわけです。そういうことは当然ながら過去にもあったわけです。それらをすべて仏教であるとしなければならないというのであれば、混乱あるのみです。ですから仏教の歴史というのは波のようなものだと思います。

まずインドの輪廻転生といったようなものを中心としたインドの民族宗教を根こそぎにして、人間の命の真実を明らかにしたのが釈尊です。ところが釈尊の弟子たちは、また民族宗教に逆もどりしていく。そして輪廻転生を受け入れ、当時のインドの宗教の常識を教理の中に取り込んでしまった。

しかし、その仏弟子の仏教に大反撃を加えて批判したのが初期大乗仏教。そして釈尊と同じレベルの高みに立ち返っていった。ところが、大乗仏教がまたすぐ習俗化し、非仏教化していきます。それはなぜかというと、大乗仏教を押し進めた多くの人たちが在家信者だったからです。在家信者というのはインド民族です。インドの古い伝統や習慣に染まっているインド人ですから、すぐに習俗を取り込んで非仏教化の道を歩みはじめてしまったのです。

日本でもそうです。仏教以前からの祭りがあります。祭りがあれば、門徒の方は祭りに参加するでしょう。ひどいのになると、寺の総代が神社の氏子になったりするでしょう。そういうように日本民族が持っている、古来からある民族宗教というものの歴史を背負っているわけです。同じように大乗仏教運動を興した仏教信者たちは、同時にインドの民衆

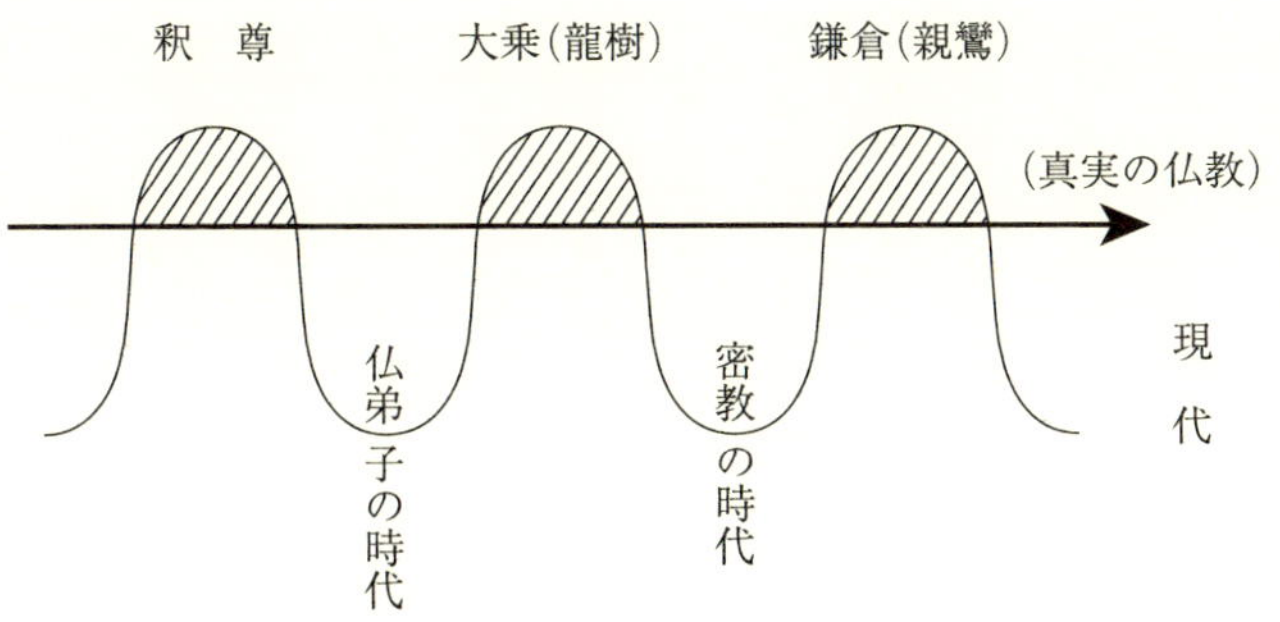

であるわけですから、習慣やいろんなものを背負っていて、当然それに引きずられていきます。

そして仏教と接近してくるのが、ヒンズー教の中のヴィシュヌ教です。六世紀になると、仏教寺院にヴィシュヌ神が祀られるようになり、ヴィシュヌ教も仏教の行事を取り入れていきます。仲良くなっていくのです。ヴィシュヌ教の聖典である『プラーナ』という書物の中には、釈尊はヴィシュヌ神の化身として位置づけられていきます。九番目の化身と言われています。なぜ九番目なのかよくわかりませんけれども、八番目までは歴史的実在ではないのです。インドの神話上に出てくる魚であるとか、鳥であるとか、そういうものがヴィシュヌ神の化身として説かれていますが、九番目に釈尊はヴィシュヌ神の化身として位置づけられています。

それでは何のために釈尊をヴィシュヌ神の化身としたのか

というと、ヒンズー教徒の中には真の信者と偽の信者がいる。釈尊という化身を作って仏教を弘めさせる。そして仏教になびいたヒンズー教徒は偽の信者である。彼らは死して地獄にいくであろう。本物のヒンズー教徒と偽物のヒンズー教徒を見分けるために釈尊を化身として世の中に遣わして、邪教を弘めさせて、邪教になびいたものは本物のヒンズー教徒ではない。そのように本物と偽者とを振り分けるために釈尊を化身としたというような説明になっているのです。そういうかたちで仏教はヒンズーの中のヴィシュヌ教に次第に吸い込まれていきます。

最終的に、ヒンズー教の教えを仏教に取り入れながら仏教を再解釈したのが密教です。たとえば、大乗経典は浄土三部経を読んでも「世尊」と出てきましたら、釈尊を指します。七世紀以後に作られた密教経典である『大日経』とか『金剛頂経』とか『般若理趣経』とか、そういったものになってくると、「世尊」は釈尊ではありません。「世尊」は大日如来になるわけです。同じ「世尊」という言葉を使いながら、その中味が変わってきます。

そういう説き方をしながら、密教はインドの伝統的な宗教原理である「梵我一如」という宗教観で仏教を解釈し直していきます。梵我一如という教えは、インドの宗教の原理です。すでに言及しましたように、梵というのは、インドの神々の中にあって最高の神です。キリスト教の神のように人格神ではありませんが、宇宙の創造神、宇宙そのものといえる存在です。我というのは、アートマンのことです。この私たち一人ひとりに内在するアートマン（我）が梵と一如になる。我が梵と別ではなくなるということを「梵我一如」というわけです。その「梵」のことを密教では六大法身といい、それが大日如来です。地・水・火・風・空・識という六大元素によって成り立っている六大法身が大日如来です。それから「我」のことを六大所成といいます。六大によって成り立っているもの。私たちは六大によって成り立っている六大所成です。

このインドの宗教の基本原理である「梵我一如」を見事に最終的に仏教として昇華したのは日本の空海です。私たちは六大所成であり、六大法身である仏と本来同じである。それが「即身成仏」ということです。この身このままが仏と成るのである。私たちは大日如来の分身である。そこに空海による即身成仏という日本の真言宗における救いがあるわけです。

とにかく密教になって、ヒンズー教の中のヴィシュヌ教との区別がつかなくなっていきます。このように仏教が密教化することによって、仏教はインドの民族宗教の中に埋没してしまいます。そしてこの密教が中国に伝わったのが唐末です。日本でいえば平安初期です。そのときに中国へ留学したのが、空海であり最澄だったわけです。ここに日本仏教の宿命があったわけです。平安以前の奈良仏教は日本で形成された仏教ではなく、中国の仏教の輸入でしかありません。日本仏教を形成したのは空海と最澄です。その二人が仏教を学びに中国に行ったときには、密教が中国で最も流行していた時代です。

それで空海は中国で恵果という勝れた密教行者に出会って、徹底的に密教を学んで帰ってきます。それから最澄は天台教学を学びに行きましたけれども、天台教学という学問仏教は少し斜陽になっていた状況の中で天台教学と密教を学んで帰国する。そして最澄は、比叡山に天台教学と密教と日本の古来からある山岳信仰をドッキングさせて日本天台宗を作り上げます。それから空海は、密教と日本の山岳信仰をドッキングさせた真言密教を形成していきます。この二人から日本の仏教がスタートするのです。これは非常に宿命的なことであったと思います。日本の仏教は最初から密教中心であったわけです。

その後、中国では廃仏ということもあり、密教は長続きしませんでした。在家信者は浄土教、それから出家者は禅というように、在家者と出家者とが分けられて、在家信者は念仏を称えて現世利益を願うというかたちで仏教が民俗宗教化していきます。一方、出家者は世間を離れて禅三昧に専念するというように、「念仏禅」というあり方で、中国では仏教が承け継がれ、現在に至っています。

ところが、日本では密教をベースにした仏教が形成され、最澄の日本天台宗の本山である比叡山の延暦寺がその当時の国立大学という地位を持ちます。公家や貴族らの上流社会の子弟が比叡山に登って、そこで仏教を学びます。

ところが、その日本天台宗も最澄の時代は仏教の学問と実践の道場としてきちんとしていたのでしょうけれども、鎌倉時代になると堕落して、加持祈祷に明け暮れる。たとえば、病気治しの祈祷とか、そういうことばかりをやるようになり、仏道よりも経済が先となる。そういう鎌倉時代の現状を見て、山に登った法然上人も道元禅師も親鸞聖人も見放すわけです。これは本当の仏教ではないと。『大蔵経』を読めば読むほど疑問を感じたに違いありません。そうすると、比叡山の仏教は本当の仏教じゃない。ここで初めて鎌倉仏教が、もう一度大乗仏教を目指して立ち上がることになるのです。

真宗再興、仏教再興に向けて

それでは現代は、どのへんまで非仏教化しているのでしょうか。親鸞聖人以後八百年が経とうとしている現代は、波の最も低いところにいるかもしれません。ところが、これらのすべてを仏教とみなすと、これはもう無茶苦茶になる。仏教の歴史をどう見ていくかということについて、従来はだいたい二つに分かれていました。一つは次第に発展展開してきているのが仏教の歴史だという見方です。それぞれの国に伝わって、その民族宗教を取り入れながら次第に発展展開してきたのが仏教であるというのが弁証法的な発展史観に基づいた考え方です。もう一つは、末法史観によって時代とともに次第に質が低下して、だんだん形骸化したのが仏教の歴史だという考え方です。

しかし、そのどちらでもなく、仏教は常に真実を求めつつも、それが非仏教化し、習俗化し、またそれを自己批判して真実を求める。人間の業といいましょうか。それがまた習俗化し、非仏教化していく。またそれを自己批判して、真実を求めていく。釈尊によって真実が明らかになっているから、それを再興できるわけです。しかし、再興した真実が永久に続くかというと、そうはいかない。すぐ習俗化していくし、いろんな民族宗教とのかかわりの中で非仏教化していく。しかし、常に真実を目指す。そういうように、波のようなものが仏教の歴史ではないかと思うのです。これを波浪史観と呼んでもよいでしょう。

そうすると、非常に短絡的だけれども、あるレベル以下の仏教ではなく、あるレベル以上の仏教だけを問題にすればいいのです。この選択を行なったのが親鸞聖人だと思います。仏教といわれているものの中の、どうでもいいものと大事なものをきちっと振り分けた。ここに親鸞聖人の果たした役割があると思います。つまり選択ということをしないで、仏教の二千五百年の歴史全部を仏教だと取り入れたら、これはひどい状況になると思います。学者というのは、だいたいそういう立場に立ちます。自らが仏教だと名のって現れた現象をすべて仏教とみなしていくのが学者の立場です。学者は選択を行なわない。学者は必ずしも仏道を歩む者ではありませんから。しかし仏道に立つ者は自分のなかで本物と偽物をきちっと選択していかなければならない。そういう道を親鸞聖人にきちっと教えてくれたのが法然上人であったと思います。選択本願ということが大事なのです。

仏教の歴史というのは、選択の歴史であり、波のようなものです。決して弁証法的に発展展開したものでもなければ、末法史観のように次第に質が低下しただけのものでもない。絶えず世俗化の波にさらされながら、またそれを克服し、また世俗化の波にさらされながら、またそれを超えていくという苦難の歴史をたどっているのが仏教なのです。これが私の仏教波浪史観です。

現代はどうでしょうか。現代という習俗化しすぎた仏教を、さらに再び真実の仏教に再興していかなければなりません。その苦難を背負う勇気が真宗にはあるでしょうか。日本仏教において、その役割を果たせるのは真宗ではないでしょうか。願わくは、道元禅師を祖師とする曹洞宗もそうであってほしいし、その他の宗門もそうであってほしいと思います。道元禅師も真実の仏教に輝いた一人です。法然・親鸞・道元、そういう祖師たちの流れにいるものがもう一度、真実の仏教を回復していく責任がある。そうしないと、真実の仏教は消えていくだろうと思います。もちろん寺は残りますし、坊さんはいます。ますます衣は綺麗な色になるだろうし、寺はますます立派になるだろうと思いますけれども、仏教はなくなります。

だから私たちが勇気をもってどちらを選ぶかです。これからは、ますます福祉社会、長寿社会になって、年寄りは経済的に豊かですから、寺は安泰です。しかし、そこに身を埋めていけば、それで仏教は終わりです。そういうたいへんな危機的な状況になっているということを感じだしたら、非仏教化した仏教教団との妥協はもうできません。それを逆縁としなければなりません。そういう時代にいま来ているのではないかと思います。

そのことが、現実があまりにも安泰であるために、なかなか実感できないで、妥協へ、妥協へと走っていくという方向を真宗もたどりつつあると言っていいのではないでしょうか。水子供養をやっている真宗の寺があるらしいです。そうなってくると真宗は終わりです。仏教という姿形は残ります。人が死ぬかぎり葬式とか年忌法要を勤め、寺の生活は安泰ですが、仏教は形骸化していきます。

私たちは真宗再興と言いますが、それは仏教再興という責任を持っているのではないかと思います。真宗教団というセクトを超えて真実なるものを求めていく、真剣に問いかけていく、そこに必ず応答する世界が開かれてくるのではないかと思います。

梵天勧請に始まる仏教

梵天による説法の勧請

「梵天勧請」というのは、仏教の開祖である釈尊の伝記の中のとても重要な出来事です。仏教の長い歴史の中で、仏伝文学が伝えられてきておりますが、その中で一つの重要なモーメントを表現しているのが、この「梵天勧請」ということです。これからそのことについて少し掘り下げてみたいと思っています。まず簡単に、その筋道をお話ししたいと思います。

釈尊という人は、二十九歳で城を捨てて出家されまして、六年間の苦行生活ののち、三十五歳で正覚をひらかれたということになっています。それで、その正覚をひらかれた事跡についての記述を見ますと、一週間ごとに座をかえて四週間その正覚の内容を確かめていられるわけです。坐禅三昧を続けながら四週間の間、自分の悟った仏教というものについての確認を行なっていくわけです。仏伝によりますと、最初の一週間ですでに正覚をえたけれども、そのあと一週間ごとに座をかえ、四たび座をかえたといわれております。正覚を成し遂げたけれども、座をかえなければならなかったということは、そのときの釈尊の胸の内にいろいろな問題が起こっていたということなのでしょう。正覚をえたけれども、釈尊は苦悩の中に彷徨していたということなのでしょう。表現を変えていえば、正覚の価値が試練を受けていたということになりましょうか。その結果、四週間の坐禅三昧ののち、釈尊の胸の内には、正覚の内容を人びとに説法することは諦めよう、説法は不可能だという大きな絶望が湧き起こってきたといわれます。

説法しても正覚の意味がわかってもらえない。あるいは、かえって誤解を生んで間違って理解されてしまうのではないか。私の悟った内容を人びとに語っても、とても理解はしてもらえない。そればかりか誤解さえされてしまうであろう。だから、説法することはやめておこう。この正覚の内容は、自分一人で楽しんで、自分だけのものにしておこうという、そういう思いが釈尊の胸の内に芽生えたのです。

そのような釈尊の胸の内を知ったのが梵天です。梵天というのは、インドの言葉でブラフマンといい、この世界を創造した神、私たちの世界をつくった神です。この世界の創造者であり主であるインドの神。その梵天が釈尊の胸の内を知ってたいへんに驚き、釈尊の前に姿を現して、「釈尊は〝説法不可能〟という絶望に陥っておられるけれども、そういわずになんとか説法に踏み切ってください」と頼んだのです。釈尊の正覚を一人胸の内にしまっておかずに、人びとに説法してくださいと頼むわけです。これが梵天勧請ということです。ところが、釈尊はその梵天の勧請を、再三再四にわたって断わるわけです。しかし、ついに最後にその梵天の願いを受け入れて、最初の説法に立ち上がったという物語が仏伝の中の重要な事跡としての梵天勧請なのです。

ところで、この梵天勧請、すなわち梵天が現れて、釈尊の胸の中に芽生えた説法不可能という思いを心配しまして、そう言わずに説法してくださいと勧請したというこの梵天勧請の事跡は、従来の仏教学者によっては、釈尊には慈悲があったから説法に踏み切られたのであるという通り一遍の説明で片付けられていたのです。しかし、この梵天勧請によって、説法不可能という絶望の底から釈尊が説法に踏み切ったというその神話的な表現は、釈尊には慈悲があったという説明だけで素通りするようなものではなく、もっともっと深い重要な意味があるように思われます。そのことをはじめて明らかにされたのが、今はもう亡くなられておりますが、私の恩師でありました山口益先生でした。梵天勧請という事跡のうえに、仏教が本当の仏教になっていく深い意味があるということを山口先生は明確にお教えくださったわけですが、その意味を私なりにもう少し考えてみたいと思います。

悟りを開いた釈尊の絶望

仏伝のうえでは、梵天が再三再四にわたって「世の中には釈尊の教えを聞く耳をもった人も、あるいは聞いて理解できる利口な人もいるはずだから、どうか説法に踏み切ってください」というような表現で釈尊に説法を要請したとされています。この梵天勧請には、二つの課題があります。一つは、釈尊が四週間の三昧の中で苦悩された結果、説法不可能という絶望に陥ったということの意味はいったい何であろうかということです。そして二つめの課題は、梵天勧請ということにおいて、釈尊が説法に踏み切ったということの意味は、いったいどういうことであろうかということです。

まず説法不可能という絶望ですが、これは私たちの現実に対する表現であろうと思います。私たちは、釈尊の正覚とか仏教というものは、自分に関係のないものであると勝手に決め込んで聞こうともしないのではないでしょうか。できるだけそういう問題には目を向けずに、目の前に起こってくる現象の中で、その場その場の自分の欲望のままに、我欲のままに生きている、そういう私たちの現実は、あまりにも絶望的です。そういう私たちの現実を厳しく指摘しているのが、説法不可能ということではないかと思います。

しかし、それにもかかわらず、梵天が現れて説法を勧請したということです。梵天というのは、この世界の主ですから、私たち人類の代表者です。その人類の代表者が姿を現して、どうか説法してくださいと何度もお願いしたということは、じつは私たち自身が説法をお願いしているということを意味している。現象としては、私たちは自分勝手な欲望のままに生き、正覚などといった問題に目をつむって、そういうものを避けながら生きていこうとしています。そういう生き方をしている私たち自身ですが、じつはもっと深いところで、説法を求めてやまない存在でもあるのです。そのことを明らかにしようとしたのが、人類の代表者である梵天を登場させて説法を勧請したというこの神話的表現の目的ではなかったかと思うのです。私たちは真実を知らなければならない。真実に目覚めなければ生きていくことの意味が明らかになっていかないという事実を、梵天勧請という神話的な表現で仏伝は示しているのだと思います。

私たちの現実の問題と、それから私たちの中に秘められている真実を求めてやまない願心の問題。その二つの問題が、説法不可能という絶望と梵天勧請というこの二つの事柄の上に表明されているのだと思います。そして、釈尊自身の四週間の心の葛藤も、まさしくそういう事実への確かめであったと思います。それは一言で言ってしまえば、全人類が仏教という教えによって示されようとしている真理・真実に目覚めなければ人類は滅亡してしまう。破滅してしまう。一切の人びとが、そういう意味で目を開かなければならない。あるいは宗教的な表現をしますと、救わなければならない、全人類が救われなければならないという、やむにやまれぬ釈尊の胸の内が、梵天勧請ということを通して具体化されていく。そこに説法ということが実現していく、それが釈尊が説法に踏み切られたということではないかと思います。

「人間は宗教を本能で要求しているが、理性で反対している」という、そういうことなのでしょう。私たちは、自分の欲望の現実を否定されることを恐れ、なんとか否定されることから逃れようとします。しかし釈尊の正覚とは、そういう私たちの現実を全面的に否定するものであり、その全面的な否定によって明らかにされる事実こそが、私たち生きとし生けるものすべてにとっての動かしがたい真実なのです。そのような、全人類にとっての平等な地平の目覚めを実現するために、梵天勧請ということがなければならなかったわけです。

五人の仲間への初めての説法

このようにして釈尊は、説法に踏み切っていかれるわけです。そして釈尊は、まず最初に、出家の後に出会った二人の先生に、自分の正覚の内容を語ろうとします。けれども、その先生たちはもうすでにこの世になく、そこで、最後まで苦行を共にした五人の仲間に最初の説法を行なおうとするわけです。これも非常に感動的な内容で語られています。

五人の仲間を探し求めて、サルナートで最初の説法が行なわれるわけですが、かつて苦行を共にした五人の仲間の姿を見つけて、釈尊は彼らに近づいて行く。そうすると五人の仲間は、釈尊が近づいて来るのを見て語り合う。「ゴータマ・シッダールタが近づいて来る」と。ゴータマ・シッダールタというのは、釈尊の名前です。彼らは、「ゴータマ・シッダールタがやって来る。彼は苦行を捨てた。彼は贅沢で、努力することを怠り、奢侈に走った」

といってゴータマ・シッダールタを批判するのです。「だからこちらから挨拶をしたり、出迎えたりする必要はない」というのです。ゴータマはすでにもう私たちとは無縁の人間なんだと、だから知らない顔をしておこうと申し合わせて、釈尊を無視しようとするわけです。そのうちにだんだんと釈尊が近づいてくる。そうすると、五人が申し合わせて、知らない顔をして言葉をかけずにおこうと言ったにもかかわらず、六年間も苦行を共にした仲間ですから、つい情にほだされて、釈尊が近づいてきたときに、釈尊に「友よ」と、呼びかけ出迎え座の用意をするわけです。

そのとき、釈尊は厳然として、

「如来に対して名前で呼びかけてはいけない。また、友よ！　などと呼びかけてもいけない」

と、このように正覚者としての自らを如来であると宣言して、かつての五人の仲間たちに対して最初の説法が開始されるわけです。これが初転法輪といわれ、仏伝における重要な事項の一つとなっています。

如来というのは、「真実の世界（如）からやって来たもの」という意味です。何のためにやって来たかというと、全人類が救われなければならないという大きな課題をかかえてやって来た、それが如来です。ここから如来という言葉が仏教において始まるのではないかと思います。

ちなみに、ジャイナ教とか、ほかのインドの哲学・宗教では、釈尊のことを仏陀ともいいますが、多くは如来といいます。ですから、仏教のことをジャイナ教などでは「如来の教え」と呼ぶ場合が多くあります。その如来という言葉は、ここから始まるわけです。この「私は如来である」という宣言は、非常に傲慢なように聞こえますが、そうではなく、その釈尊の姿勢には、やはり決然とした自分の説法への態度がうかがわれます。

そこで、五人の仲間に自らの覚った仏教の内景といいますか、正覚の内容を語るわけです。そして、仏伝では、五人の仲間も仏陀と同じ境地に到ったといわれていますが、それは並大抵の説法ではなかったと思います。何日も何日も、議論を尽くしたのではないかと思います。そういうことをうかがわせる、次のような仏伝が記録されています。

釈尊が三人の仲間に説法している間、二人の仲間は托鉢に出ています。托鉢というのは、食物を在家の人からいただいてくるわけで、いわゆる乞食《こつじき》に出たわけです。そして、また二人の仲間に説法をしている間は、三人の仲間が托鉢に出た。そういう記録がありますから、当然、一日や二日で最初の説法が成し遂げられたわけではないと思われます。そこには、激しい議論と厳しい言葉のやりとり、思想のやりとりがあったのだろうと思われますが、ともあれ、そこで六人の正覚者が誕生した。そこから仏教は教団として出発していくわけです。このようにして釈尊は梵天勧請を受けて、最初の説法に踏み切っていかれたわけです。

梵天勧請の課題

ところが、釈尊が亡くなられたあと、次第に、釈尊の正覚の境地は仏弟子たちにとっては実現不可能な事柄と考えられるようになっていきます。釈尊はあまりにも偉大であった、とても釈尊の正覚の境地に到れるものではないと、このようになっていきます。そして、仏弟子たちは、あの偉大な釈尊を釈尊たらしめている正覚の内容、すなわち真理の「法」とは何であるのかという、「法・ダルマ」に対する追究をはじめるわけです。それが阿毘達磨仏教です。阿毘達磨（アビダルマ）というのは、サンスクリットですから、わかりやすく日本語でいうと、「法の研究」ということです。

釈尊を釈尊たらしめたものはいったいどういう「法」なのかという、法への追究がアビダルマとして展開していきます。そして、その後、アビダルマの研究が非常に学問的になりすぎて、煩瑣になり閉鎖的になっていく。それに対して、そのようなアビダルマ仏教の傾向に対する批判として、大乗仏教運動というものが起こってきます。

大乗仏教運動とは、一言でいえば、釈尊を釈尊たらしめたダルマとは何かという問いかけにとどまらずに、さらに釈尊は何のために現れたのか、何のために釈尊となったのか、釈尊とはどういう方であったのかという問いの中から興起してきたものです。それは、釈尊が沈黙の世界から説法へと踏み切った事跡の上で、すべての人びとが救済されなければならない、全人類が目覚めなければならないという、釈尊のやむにやまれぬ思いを基本としているものです。大乗仏教は、何のために釈尊が釈尊となったのか、もう少し厳密にいうと、釈尊を釈尊たらしめたものは、単なるダルマではなしに、ダルマがなぜ釈尊を通して私たちの上にあきらかにされなければならないのかという、その動向の精神を問い、そこから一切の人びとが救われていかなければならないのではないかという釈尊の精神が大乗仏教という仏教を成立せしめていくわけです。

このような仏教の歴史の中で、釈尊の伝記における梵天勧請という出来事は、正覚を成し遂げて説法に踏み切ったのは慈悲があったからであるというだけで素通りするのではなしに、正覚を成し遂げて説法に踏み切られたという、その中におけるやむにやまれぬものとしての動向、その動きを問題にしているのが大乗仏教というわけです。

それでは、釈尊における説法不可能という絶望と、梵天勧請によって説法に踏み切られたというその事跡につきまして、私はもう少し身近な問題で考えてみたいと思います。

問題はない、大丈夫というインド

私はインド仏教を学問対象としていますから、インドへ行く機会を何度か持ったわけです。インドの大地に足を触れると、日本にいるときとは違った、日本では見失われてしまっていた大切なものにいつも出会わされて、「ああ来てよかったなあ」と思います。

私は、インドへ行くときは、あまり知識を持って行きません。知識は全部忘れて行きます。これは何であり、何世紀頃のもので、何のためのものでというようなことは一切忘れて、ただそこに行って座っているようにします。それがすばらしいのです。その感じは言葉では表現できないのですが、体で「インドに来てよかったなあ」「ここに座れてよかったなあ」という、そういう実感がするわけです。

この二月から三月にかけて、二週間あまりインドの仏跡を巡拝してまわって来ましたが、その中で、また一つ考えさせられたことがありました。

ブッダガヤーというところがありますが、そこは釈尊が正覚をひらかれたところです。

インドの仏教はすでに十二世紀に滅亡していますが、釈尊が正覚をひらかれた聖地は、巡拝の人びとでいっぱいです。ヒンズー教徒も詣ります。なぜかというと、釈尊は、ヒンズー教のヴィシュヌ神の第九番目の化身で、この地上にあらわれた、ただ一人の化身ということになっているからです。ですから、釈尊は、ヒンズー教にとっても非常に大事なヴィシュヌ神の化身ということで、ヒンズー教徒も、仏教の遺跡には巡拝にやってくるわけです。ブッダガヤーというのは、仏教の聖地の中でも一番大事な場所ですから、大きく立派な遺跡があります。そこで一泊しまして、朝、車を七時に出発させることにしておりました。最近、インドでは強盗がよく出ますので、暗くならないうちに次の目的地へ行かなければならない。それで、朝七時に出発する予定にしていたわけです。

それで、五時半頃に起きまして、食事を済ませてバスに乗って、さあ七時だスタートしようと思ったのですが、エンジンがかからないのです。はじめはみなバスの中でガヤガヤと世間話をしているわけですが、三十分経ってもまだエンジンがかからない。そうすると、責任者である私は、エスコートとしてついて来てくれている若いインドの青年に一応尋ねなければならない。

「いったいどうなっているんだ」

そうすると、インドの青年の口から出てくる言葉は、にこっと笑って、

「No problem!――問題はない、大丈夫」

「ああ、そうか。問題はないんだな」

それでまあ、そう言いますから、またしばらく待っていたのです。ところが、そのうちに一時間経つ。そろそろ私の心の中は静かにしてはおれません。なんとなくイライラしてくる。それでまたインド人の青年に尋ねる。そうすると、にこっと笑って、

「No problem! もうすぐです。問題はない、大丈夫」

そう言われても、なんとも心配になってくる。しかし、辛抱辛抱と思って、辛抱して待っていました。ところが、一時間半経ってもまだエンジンがかからない。私の心の中は、イライラがずんずん怒りに変わってくる。インドというところは、いったいどうなっているんだ。そういう怒りがムラムラと胸の中に湧き起こってくる。それでまた「どうなんだ！」と少し語気を強めて尋ねると、またにっこり笑って、

「No problem!――問題はない、大丈夫」

と言うわけです。

まあ幸いにして、そのときは二時間ほどでエンジンがかかりまして、スタートできました。しかし、あれは晩までエンジンがかからなくても、「No problem」と答え続けられただろうと思います。しかも、にっこりと笑って「No problem」だろうと思います。

その間、私は気持ちをイライラさせ、最後には、怒りで語気を強めてインドの青年を叱りつけるということが起こるわけです。ところが向こうは、にっこり笑って「No problem」。

それから、釈尊が涅槃されたクシナガールへ行きました。もちろん、そこには泊まる宿舎がありますが、ホテルといったような立派なものはなく、政府直営のバンガローみたいなものがあるわけです。しかし予約してあった部屋は先客が入っていて満杯なのです。それで、

「これはいったいどういうことになっているのか」

と詰問しますと、そのエスコートが、また、にっこりと笑って、

「No problem!――問題はない、大丈夫」

と言うのです。

「いったい、部屋がないのに大丈夫、No problem! とは、どういうことなんだ」

と心配して尋ねると、そのバンガローの支配人と何かひそひそと話しております。そのうちに、エスコートがやって来て、

「先生、この食堂で、食事を済ませたらテーブルをどけますので、この食堂で寝てください」

と言うわけです。つまり、地面にごろ寝してくれというわけです。

「それは約束が違う。ちゃんとベッドのある部屋があるというからここを予約したのであって、それでは困る。約束は守ってほしい。これは絶対に譲歩できない」

と、こういって厳しく抗議しました。そのときの私の心の中は、インド人というのは、本当に困ったものだと、半分怒り狂っています。そうすると、私の強い要求を受けたインドの青年は、また支配人と話をします。そういうことを二、三回やって、絶対にこちらが譲歩しないと分かると、あの小さなクシナガールの街で、ほかの宿舎をやっとのことで探してくれまして、ベッドも与えられました。

ところが、その探してくれた宿舎は、窓に格子戸が入っていましたが、ガラスが入っていないんです。それで風が入ってきて寒いのです。これはなんとかしてもらわなければ困る。それから、こんなに風がスースー入る部屋では、毛布が一枚では足りないと注文をつけますと、その小さなクシナガールの街を走り回って、夜八時頃になって、一人に三枚ずつの毛布を探してきてくれました。さらに窓に毛布をはって風が入らないようにもしてくれました。それで私は、これならよろしいといって、はじめてにっこりしたわけです。その間、六時頃から八時までの二時間の間、インドの人たちは汗水たらして、それだけのことをしてくれたわけです。そして、インドの青年は、にっこり笑って、

「No problem!――問題はない、大丈夫」

というわけです。

小さな自分の世界への気づき

それで、私は、考えさせられました。そして旅行の終わりがけに、そのエスコートのイ

ンドの青年に、

「インドでは、No problem! は、〝大丈夫、問題はない〟という意味とちょっと違うね。少し言い換えれば、〝一生懸命やればなんとかなるさ〟という意味じゃないのかなあ」

といって笑いましたら、そのインドの青年は、

「そうですね、そういう意味に近いですね」

と、こう言って私に笑いかけ、お互いに酒を酌み交わしたわけです。

「なんとかなるさ、お互いに人間じゃないか。手違いもあるし、いろんなトラブルも起こるけれども、お互いに人間じゃないか、一生懸命やれば、そこでベストを尽くせばいいじゃないか」という人間に対する信頼が、この「No problem」という言葉に託された意味のようなのです。

私には、私の作り上げた小さな予定概念があります。そして、その小さな予定概念に合わないと腹を立て、怒ります。そして、なんとかそれに合せようとします。私が、そこで気づかされたことは、「ああこれなんだなあ」ということです。私が自分で勝手に小さな予定概念を作り上げ、小さな枠を作り上げて、それに当てはまらないと腹を立て、怒り狂

う。しばらくインドを離れている間に、私はなんと小さな人間になってしまっていたのだろうと気づかされたのです。

お互いに人間同士という広い世界で一生懸命に付き合っていくと、そこには怒りとかイライラがない。にっこりと笑える世界がある。そのような大きな大地を私は見失って、自分の小さな知恵で一つの枠を作り上げ、それに執着して、その枠どおりにならないと腹を立て、イライラして、自分で自分の身をいため、自分で一人相撲をやっていたんだということを、その体験から気づかされました。そして帰国の飛行機の中で、「ああまたインドへ来てよかったなあ。一つまた自分の小さな世界を見透かしてもらうことができた」という思いでインドから帰ってきました。

私たちは、自分の心の中に一つの小さな枠を作ります。そして、その枠で事がうまくいかないと腹を立て、怒り狂う。そういうことを私たちは、日常茶飯事のこととして繰り返しておりますが、じつは、そういうことを日々の生活で繰り返している私が、本当はどこに立っているのかといいますと、じつは、にっこりと笑って「No problem」というインド人と同じ大地に立っているのです。それにもかかわらず、その大地を見ようともせず、あるいは見失って、自分で作り上げた小さなものだけにとらわれて、それが絶対に正しいんだ、そうしなければならないんだ、といったところで自分を縛りつけ、その中でいろいろな問題を起こしていく。そういうのが私たちの現実ではないかと思うわけです。

根本的な自己発見

大乗仏教を思想的に大成した龍樹（ナーガールジュナ）という人がいます。二世紀から三世紀の人といわれていますが、この人の書いた書物を読みますと、人間が自分で作り上げたいろいろな差別、頭が良いとか悪いとか、美しいとか美しくないとか、男であるとか女であるとか、というその差別は、どこから生まれるかといいますと、私たちの分別であると指摘されています。先に「人間は宗教を理性で反対している」といわれていることの上でいえば、この分別とは理性に相当するのでしょう。しかし、理性という言葉は哲学用語ですので、いまは使わないことにします。哲学の上では理性は肯定されるべきものでしょうが、仏教における分別とは否定されるべきものです。それではその分別が何から生まれるのかといえば、人間の我見から生まれる。我見とはエゴイズム・自我のことです。自我によって分別し、分別によって作り上げられた小さな世界に私たちは執着し、それに執われ、束縛されて生きていく。その自我・分別というものの実体に目覚めることが正覚だと龍樹は教えてくれています。

正覚ということは、なにも特別なことではなく、私たちの現実の生き方の中に、そういう自我・分別の姿を厳しく告発していくことだといってよいでしょう。自我・分別によって、私たちは我欲のままに差別を作り上げ、また束縛の世界を作り上げていくのです。その束縛の世界を作り上げているのが、私たちの言葉とか慣習だと龍樹はいいます。そういう束縛の実体を認識して、そこから解放されていく、それが仏教の「さとり」であると龍樹はいいます。それを「空」といいます。空とは、我見・分別の否定を意味し、同時に、それはまた私たち生きとし生けるものの平等の大地の発見を意味します。

私たちは、そういう意味で本当の世界を見失って生きています。自我の世界、あるいは分別の世界、そういった本当の世界を覆い隠すものによって、みんなが人間として生きとし生けるものとして大きな広い大地の上にしっかりと足をすえて立っているにもかかわらず、立っている自己が認識できない。人間として生まれたすばらしさ、尊さというものが見えてこない。それを見ないように、見せないようにしているのが自我であり、分別によって自己を小さく限定して、そこでその通りにならなければならないと思い込んでいく私たちの自業自縛の世界がある。

そのような小さな分別の世界を打ち破っていくものが仏教なのです。清沢満之先生は、「自己とは何ぞや、これ人生の根本的問題なり」といわれました。自己とは何ぞや、自分がどのようになっているのか。自分勝手に私が作り上げているものは、なんとちっぽけなもので、むなしくすぐ消えていく、どうにもならないものなんだろうと、その事実を明らかにする。そのように自己が明らかになることが、同時に人間とはなんてすばらしいんだろうという発見にもなるのです。生きているということは、こんなにすごいことなのかという、自己発見も同時にさせてもらえる。そんな世界を明らかにしてくれるのが仏教です。釈尊における説法不可能という絶望と、梵天勧請という事跡とは、そのことを私たちに問いかけてくださっていると思います。

煩悩を断ぜずして涅槃を得る

仏の誓願は単なる理想か

私は、北海道の片田舎の寺に生まれて、子どものころから「如来大悲の恩徳は」という「恩徳讃」を聞きながら育った人間です。大谷大学に入りまして仏教のことが自分の問題として少しずつ考えられるようになってきたころに、いろいろなことに疑問を持ったことがあります。たとえば、「恩徳讃」を、

如来大悲の恩徳は　　身を粉にしても報ずべし
師主知識の恩徳も　　ほねをくだきても謝すべし

と何度も子どもの時から歌ってきたのですけれども、十七、八歳頃になって少しものを考えるようになってきたら、これはなんという大袈裟な讃歌だろうと思いました。「身を粉にしても」、身を粉々にしても報じなさい。「ほねをくだきても」、骨がバラバラになっても感謝しなさいといわれるのですが、こんな大袈裟な讃歌がどうしてできたのでしょうか。それにしても、少し大袈裟すぎるのではないかという疑問がありました。

また『無量寿経』に四十八願というものが説かれています。あれも「設我得仏」に始まり「不取正覚」と誓願しているわけです。噛み砕いて言いますと、私はいつでも仏になれるのだけれども、すべての生きとし生けるものが仏の国に生まれて仏とならない間は、自分は仏とならない。簡単に言うと、こういうことです。第十八願では、

たとい我、仏を得んに、十方衆生、心を至し信楽して我が国に生まれんと欲うて、乃至十念せん。もし生まれずは、正覚を取らじ。

とありますが、「若不生者、不取正覚」というそのように言い切れることは、どこで可能なのでしょうか。

これはいったいどういうことなのでしょう。まず一切の衆生、生きとし生けるものが仏にならない限りというけれども、一切の衆生が仏になるということは、どう考えたってありえないことではないでしょうか。ありえないことを誓願するとは、いったいどういうことなのでしょう。私たちはいくらでもこのような願いを持ちます。たとえば「世界が平和でありますように」という願いを持ちますが、一方では戦争がどんどん行なわれています。願いを持つのは勝手だけれども、戦争は行なわれている。それと同じように、仏さまとい

うのは、私はいつでも仏になれるけれども、一切の衆生が仏にならない限りは私は仏にならないと願うが、一方では一切の衆生が仏になるということはまずありえない。これは、ちょっとおかしいのではないか。単なる理想であるならば、それで結構だけれども、仏さまは単なる理想として誓願をたてているのであろうか。そういう疑問がありました。理想としては格好いいけれども、ちょっと格好よすぎはしないか。仏教というのは、そういう理想の世界を述べているだけなのであろうか。そういう疑問を若いころに持っていたのです。

また、極楽世界とか浄土というと、今でも学者の中には「理想の世界」、浄土はパラダイスであるという人もいるようです。パラダイスというのは、まさしく理想郷です。しかし、仏さまはそんな理想郷を語っているのであろうか。現実を無視して単なる理想を語っているのであろうか。いや、そうではないはずだとも思っていました。

それでは、「たとい我、仏を得たらんに、一切の衆生が仏にならない限りは、私は正覚を取らない」と、そのように法蔵菩薩が言い切っているが、そのようなことはいったいどこで言えるのであろうか。ただ格好いい理想を語っているだけなのであろうか。あるいは誇大妄想なのであろうか。いやそんなはずはない。誇大妄想であるはずはないし、単なる理想であるはずはない。

それでは、どうしてそのように言い切ることができるのであろうか。私であれば、よほどの確信がない限り恥かしくてそのようなことは言えない。「私はいつでも仏になれるのだけれども、一切の衆生が仏にならない限りは私は仏にならない」と、そんな格好のいいことはよほどの根拠がなければ、恥かしくて言えないです。仏さまはそんな格好いい単なる理想を語っておられるのであろうか。それから浄土といっても、なんの苦しみもない理想の世界、人間の欲望がみんな満足できる理想の世界だと。もし、そういうことであるならば、仏さまの教えというけれども、仏教はつまらん教えだ、単なる理想主義であり、来世主義にすぎない。現実の私の生き方を問う教えとはとうてい言い得ないと、若いころ疑問を感じたことがありました。

煩悩を断じて涅槃を得る

今日のテーマは、親鸞聖人の『正信念仏偈』の中で「不断煩悩得涅槃」と説かれております。その「煩悩を断ぜずして涅槃を得る」ということですが、普通は仏教では「煩悩を断じて涅槃を得る」ということが常識となっているわけです。しかし煩悩を断つことによって涅槃を得るというのは、小乗仏教と通称されている阿毘達磨仏教の教えです。少なくとも大乗仏教ではないといってよいでしょう。

「煩悩を断じて涅槃を得る」ということは、まず実現できません。煩悩を断じて涅槃を得るなどということは、頭ではそういうものかなと理解できるけれども、実際わが身にふりあてて自分の身に引き受けたときには、煩悩を断じて涅槃を得るということは、とても了解できていないことなのです。

釈尊は、出家されてから六年間の苦行生活を過ごされましたが、その苦行を捨てて菩提樹の下で悟りをひらいて涅槃を得られたわけです。その釈尊の悟りを、「煩悩を断じて涅槃を得る」というあり方で小乗仏教の人びとは捉えたのですが、そこに問題があるといえます。それはどういう問題かといいますと、煩悩を断じて涅槃を得るためには二つの方法があり、釈尊自身がそれを体験されているということです。

その一つは、人間は精神（心）と肉体からなっていて、煩悩がおこるのは、精神（心）があるからであると見なす考え方です。美しい花を見て美しいと思う。美しい女性を見たら恋人にしたいと思う。そういう思う心があるから、煩悩がおこるのである。だから、その心のはたらきを消滅したならば、煩悩はおこらないという考え方で、それを修定主義といいます。釈尊はお城を捨てられて苦行生活に入る前に、この修定主義を主張している当時の宗教家の二人の高名な先生を訪れて、その教えを聞くわけです。そこで釈尊は疑問を抱くわけです。心のはたらきを消失したならば、煩悩がおこらないから悟りが得られるということであるならば、美しい花を見て美しいと思う心も失われてしまうことになるが、それが本当の悟りであろうか。これはおかしいのではないかということです。また、心のはたらきを無くしたら煩悩が無くなるというので、心のはたらきを無くそうとする心をも無くしていかなければならない。そうすると、心のはたらきを無くそうと思って一生懸命瞑想すると、無くそうとする心もまた無くしていかなければならないということで、それはどこまでいっても「心のはたらきを無くそう」とする心が残り、それは頭の中だけの遊びになってしまうのではないかという疑問をもつわけです。このような疑問に対して修定主義の先生から十分な返答を得ることができなかったので、釈尊はその先生のもとを去って、自分の悟りは自分の努力で得なければならないと心を決めて、苦行生活に入るわけです。

この苦行によって、「煩悩を断じて涅槃を得る」ことを実現しようとするのが、もう一つの苦行主義です。苦行主義というのは、逆に煩悩のおこる原因を肉体に求める考え方であり、旺盛な肉体のはたらきがあるから煩悩がおこるので、肉体のはたらきを最小にできるだけ抑えたならば煩悩は静まるであろうというのが苦行主義です。先の修定主義が心のはたらきを消失させて無心になろうとするのに対して、この苦行主義は肉体のはたらきをできるだけ抑えようとするわけです。そうしたら、煩悩が静められ悟りが得られる、涅槃が得られると考えたわけです。ところが、釈尊は六年間に及ぶ苦行の結果、苦行を捨てられたわけです。どうして捨てられたかといいますと、肉体のはたらきを抑えるために断食をしたり、いろんな苦しい修行をして肉体の活動を最小限度に抑えに抑えて死ぬ寸前まで抑えてみたら、悟りを得られたかというと、そうではなかった。かえって頭が朦朧としてきて意識が確かでなくなり、人間としての正しい判断を持つことができなくなってしまう。そういう結果に至ったので、釈尊は苦行を捨てられたわけです。

釈尊は、修定も捨てられ苦行も捨てられて、そして悟りを得た。そこで悟られた釈尊の悟りとは、いったいどういうことなのか。

釈尊が生きておられたころには、釈尊と同じ境地に到達した、すなわち、釈尊と同じ悟りをひらいたという仏弟子がたくさんいたわけです。ところが、釈尊が亡くなって時代を経るにしたがって、釈尊と同じ境地に至ることは、この世においては不可能なことであると考えるようになってくるわけです。来世においてしか涅槃は得られないと考えるようになり、涅槃に二種類があるなどと言いだすわけで、有余依涅槃と無余依涅槃ということを小乗仏教ではいいます。有余依涅槃とは不完全な涅槃ということで、この世で体をもっている限り本当の涅槃は得られないということです。無余依涅槃とは完全な涅槃ということで、この世での体が無くなったとき得られる涅槃ということです。それはまた、灰身滅智《けじんめっち》ともいわれています。灰身滅智とは、肉体が灰に帰して心も滅すということで、身心ともにまったくの無に帰り、煩悩を滅した境地を意味しているわけです。

ともかく、釈尊の在世の時には、釈尊と同じ悟りの境地に至った仏弟子がたくさんいたのに、釈尊が亡くなられて時を経るにしたがって、釈尊と同じ悟りは来世でないと得られないと考えて、二種類の涅槃まで考えるようになったのは、どうしてなのであろうか。従来は正像末という末法史観によって人間の資質が低下したのであるという解釈で片付けられているようですが、そういうことでよいのでしょうか。そういうことではなく、釈尊の悟りを「煩悩を断じて涅槃を得る」というあり方で固定的に捉えてしまった小乗仏教の人びとの釈尊の悟りに対する誤解が原因であろうと思います。人間の資質が低下したという ことが原因ではなく、仏教に対する誤解が原因です。仏教についての二千五百年に及ぶ人間の歩みの中には、仏教に対する誤解はたくさんあるかと思います。その最たるものの一つとして、この「煩悩を断じて涅槃を得る」というあり方に対する小乗仏教の理解があげられるのではないでしょうか。

釈尊は遠い存在か

釈尊の悟りは、「煩悩を断じて涅槃を得る」というあり方で問題となるものですから、人間が生きている限り誰一人として煩悩を断じ切れないわけで、そのうちに弟子たちが釈尊のような悟りはこの世では得られない、来世でなくては得られないと考えるようになってしまうのは当然なのです。したがって、この世で悟りをひらいた釈尊は、特別な人だった、人間離れした超人なんだ、神さまみたいな人なんだと考えるようになったのです。そして、私たちはとてもこの世に生きている間に、煩悩に汚れた体をもって生きているかぎり煩悩を断じて涅槃を得る、つまり悟りを得ることはできないと思い込んできたわけです。それで時代を経るにしたがって、小乗仏教の出家者たちで、煩悩を断じて涅槃を得ようと修行してきた人びとは、みんなこの世で仏になるのをあきらめたわけです。そして次の世で、来世において仏になろうと考えるようになった。そういうようにあきらめていったわけです。そうすると、釈尊という方は、自分などは足もとにも及ばない勝れた、人間離れをした方だということで、自分とはかけ離れた遠い遠い存在になってしまったわけです。

そこで、釈尊とはそんなに自分とかけ離れた存在なのであろうかという疑問が生まれ、そこから大乗仏教運動が起こるのです。釈尊とは、そんな遠い存在の人ではないんだと。いつも私と同じところにいる。私と同じ人間なんだと。私たちと同じ世界に生きられて、そして悟りをひらかれた方なんだと。その釈尊とはどういう方なのかと。そのことをはっきりさせようとしたのが大乗仏教運動を展開した菩薩たちだといえます。その菩薩たちの基本は、いままで問題にしてきたような「煩悩を断じて涅槃を得る」ということではなく、「煩悩を断ぜずして涅槃を得る」という、その世界を発見したところにあるわけです。

王舎城の悲劇

王舎城の悲劇が、『観無量寿経』に物語られています。その王舎城の悲劇をちょっと考えてみたいと思います。釈尊は在世中に、三つの大きな悲劇に遭われます。その一つは、その当時のインドではもっとも大きな国であった王舎城の頻婆娑羅王にまつわる悲劇です。

頻婆娑羅王は、釈尊の教えに深く帰依されていたわけです。王舎城の中に霊鷲山という、釈尊が王舎城に来られたときには滞在されたという小高い山があります。その王舎城で起こった悲劇です。それは、息子の阿闍世が早く王位につきたいために、父である王を幽閉して殺したという事件です。

それから二つめの悲劇は、釈尊の従弟にあたる提婆達多が仏教教団を分割しようとした事件です。実際のところは、提婆達多は、釈尊の身内でもあり、親身になって釈尊に仕え、釈尊は偉い人だから、教団をまとめていくためのいろいろな世間的な雑事にわずらわされないために、その方面のことは私が責任をもちましょうというかたちで、教団の管理者になろうとしたのだろうと思います。それが高弟であった舎利弗などの弟子たちの反発をかって、教団が分裂しそうになった。そのために自分の従弟である提婆達多を教団から追放せざるを得なかった。これが二つめの悲劇です。

それからもう一つは釈迦族が、釈尊の在世中に、コーサラ国の毘瑠璃王によって征服されたという事件です。釈迦族が、釈尊が生きている間に他国によって征服されたという悲劇です。

この三つが釈尊の晩年に起こった三大悲劇ですけども、その一つとして王舎城の悲劇があるわけです。それが一つの物語となって『観無量寿経』の中にも説かれています。その物語は、頻婆娑羅王が息子の阿闍世によって牢獄に幽閉されるところから始まります。昔、インドでは息子が父親を殺して、早く王位につこうとした事件は実際によくあったことなのです。けれど阿闍世という人は心が優しかったのでしょうか。ただちに父王を斬り殺すということはできなかったのでしょうか。それで牢獄に幽閉して、水も食べ物も与えずに自然に餓死するのを待つわけです。そのとき、韋提希夫人が、牢獄に幽閉されている夫の身を案じて、身につけているいろいろな装飾品に栄養のある蜂蜜などを詰めたり、体に栄養のあるものを塗ったりして、王が幽閉されている牢獄へひそかに行って、それをすすらせたり舐めさせたりするわけです。それで王の命が保たれるわけです。しかし、いつまでたっても父王が死なないので、阿闍世は不審に思って牢番に尋ねると、母親である韋提希夫人が、毎日のように見舞っていることを知ります。そこで自分の母親である韋提希夫人を取り調べたら、今、言ったような事柄が明らかになるわけです。そこで阿闍世は怒りまして、自分の母親を即座に斬り殺そうとします。そのとき家臣たちから、息子が国のために父王を殺したという例はたくさんあるけれども、母親を殺したという例は聞かないといって、阿闍世は諫められます。そこで、阿闍世は母親を殺すことを思い止まり、父親と同じように韋提希夫人も牢獄に閉じ込めて、餓死するのを待つわけです。

我当往生・皆当往生

そのときに、韋提希夫人は嘆き悲しむわけです。牢獄にあって、ちょうどそのとき耆闍崛山に来ておられる釈尊のほうに向かって愚痴をこぼし救いを求めるわけです。どうして私はこんな悪い子どもを生んでしまったのでしょうかと。『観無量寿経』の中で説かれています。「世尊、我、宿《むかし》何の罪ありてか、この悪子を生ずる」と。私は過去世においてどんな悪いことをしたというのでしょうか。そのために、こんな悪い子を生んでしまったのでしょうか。どうかこのような苦しみの起こらない世界に私を生まれなおさせてくださいと、釈尊のおられる耆闍崛山のほうに向かって愚痴をこぼすわけです。子どもに裏切られて、今死ぬ寸前の苦しみを受けている、そういう苦しみのないすばらしい世界がもしあるならば、私はぜひそこへ行きたい。そういう世界がどういうところか教えてほしいと、釈尊に向かって愚痴をこぼします。

それを聞きまして、釈尊は『観無量寿経』の物語の中では、神通力をもって韋提希夫人の願いを聞き入れるわけです。そして懇切に韋提希夫人を救いの世界へと導いていかれるのです。そのときに『観無量寿経』では、まず最初に釈尊が、神通力をもって同じように牢獄に幽閉されている頻婆娑羅王の姿を映し出して韋提希夫人に見せるわけです。釈尊の教えに深く帰依されている頻婆娑羅王が、牢獄の中でどうしているかということで、その姿を神通力をもって韋提希夫人に見せるのです。そのとき釈尊が眉間から光を放って頻婆娑羅王の姿を照らし出すと、釈尊の出された光に向かって、

「その時に大王、幽閉にありといえども、心眼障《しんげんさわり》なくして、はるかに世尊を見たてまつりて、頭面に礼を作す」

と『観無量寿経』の中に説かれています。つまり、釈尊から照らし出されたその光に向かって静かに合掌礼拝をしている姿、それをまず初めに映し出して見せるわけです。一方の韋提希夫人は、どうしてこんな悪い子を生んでしまったのかと愚痴をいい、そういう苦し

みのない世界に私を生まれさせてくださいといって涙を流して釈尊にお願いしている。他方、同じように牢獄に幽閉されている頻婆娑羅王はどうかといえば、決して愚痴をこぼさず、釈尊が放つ光が見えたら、そのほうに向かって合掌礼拝しているわけです。釈尊は、まず最初にその頻婆娑羅王の姿を見せてから、韋提希夫人に救いの手を差しのべていかれる。

そしてついに韋提希夫人は悟るわけです。それを『観無量寿経』では「廓然大悟、得無生忍（廓然として大きに悟りて無生忍を得る）」と説いています。韋提希夫人が今まで愚痴をいっていたものとは思えないほど晴れ晴れとして大きに悟りて、無生忍を得た。その姿を見られて釈尊は「みな当に往生すべし（皆当往生）」と、これで衆生のすべてが間違いなく救われると予言されるわけです。これで『観無量寿経』は終わっているわけですが、この「廓然大悟、得無生忍」と説かれている中の「無生忍を得た」ということが、じつは「煩悩を断ぜずして涅槃を得る」という真実に目覚めたということの表明なのです。それを知って、釈尊は「皆当往生」と予告、予言されたわけです。韋提希夫人が無生忍を得たことによって、すべての生きとし生けるものの救いが明らかとなったということです。

ありのままに引き受ける世界

それでは、韋提希夫人はどのように救われたのかといいますと、釈尊の説法を聞いて牢獄から抜け出すことができたということでは、もちろんないわけです。実際には頻婆娑羅王と同じように牢獄に幽閉されたままで死を迎えていくのでしょう。死を迎えていくことに変わりはないけれども、そこに悟りをもったということがある。しかし、悟りを得たから死なずにすんだということではないわけです。それでは、その悟りとはどういうことかというと、一言で言ってしまうと、当たり前のことを当たり前として引き受けることができたということです。

たとえば、ここにみなさん来ておられますが、それは今朝、目があいて足腰が動いたからここへ来られたわけです。今朝、目があいて暁天講座を聞きにいこうと思って、足腰が動いたから、ただ今ここに居るわけです。ところで今朝起きたとき、ああこれで話が聞きに行けると、今日もまた尊い命をたまわった、もったいないと、感謝の心をもって合掌して床を離れた方はおられるでしょうか。暁天講座を聞きに来られるくらいですから、もしかしたら何人かはそうした方はおられると思いますが、ほとんどの人はどうでしょうか、当たり前だと思って朝起きているのではないでしょうか。では、明日になって朝起きようと思ったら足腰が動かないということになったら、どうでしょう。そんなことになっても、当たり前だといって引き受けられるでしょうか。やはり、これは大変なことが起こったといって、あわてふためくのではないでしょうか。私たちは生身の体をもっている人間です。ですから、必ずいつかは足腰が動かなくなる日がくるのは当たり前のことなのです。ところが、私たちは自分に都合のいいことは当たり前だと引き受けて、都合の悪いことが起こると引き受けられずにあわてるわけです。もし今朝、目があいて足腰が動いたということが当たり前であるならば、朝、目があいて足腰が動かなくなる日のくるのも当たり前のことです。生身の体をもっているわけですから、それは当たり前です。また逆に、もし足腰が動かなくなることが大変なことであるなら、今朝目があいて、足腰が動いたことも、じつは大変なことだといわなければなりません。どうしてかといいますと、本当は、私たちの頭では考えきれないほどの多くのご縁をいただいて、今朝足腰が動いているわけです。

なにか一つでも条件が欠けたら、いつでも足腰が動かなくなってしまうのです。それなのに、足腰が動いて自分の都合のよい場合は当たり前だと引き受けるのに、都合の悪いことが起こると、さあ大変だとあわてるわけです。これが私たちの日ごろの生き方ではないでしょうか。

しかも、人間には知恵があるものですから、もっと悪いことが起きます。あわてた後に何が起こるかといいますと、愚痴が起こるわけです。「私は日ごろ、何も悪いことをしていないのに、どうしてこんな目にあわなければならないのか」という愚痴が起こるわけです。

さらに、人間には知恵があるものですから、次には迷いが起こるわけです。何かに取り憑かれているのではないか、家の向きが悪いのではないか、祖先や水子の霊に祟られているのではないかというように迷いが起こってくるのです。ほんとうに情けないですね。私たちは自分に不都合なことが起こるとあわてふためき、次に愚痴を言い、最後には迷って、そして死んでいかなければならないのです。そういう生き方をしているのが私たちです。事実が見えていないのです。王舎城の悲劇における韋提希夫人も同じです。韋提希夫人も自分の腹を痛めた我が子を「悪子」と呼んでいます。つまり、自分の子どもを悪い子としか見えなかった世界に住んでいたわけです。本当は自分の子どもを、「悪子」といわねばならない自分の生き方が問題であるわけです。そのような生き方が、釈尊から問題とされたわけです。我が子を悪い子と決めつけて楽な都合のよい世界へいきたいと願う韋提希夫人に対して、我が子を悪い子と言わざるを得なかったその生き方が厳しく問われ、その結果、韋提希夫人は深く懺悔をしていく。そこに韋提希夫人の「廓然大悟、得無生忍」という救いが実現するわけです。

映画「白い道」

三國連太郎さんが監督をされた、「白い道」という親鸞の映画があります。難しい映画ですが、内容はすばらしい。親鸞聖人が越後から関東に流れ着いて、そこで生活を始めたころの話が主となっている映画ですが、その中で、流行り病で幼い我が子が亡くなり、それを火葬する場面がありました。若き妻の恵信尼が、いまは亡骸となった我が子を抱きしめています。それを無視するかのように若き親鸞、善信坊が我が子を火葬にするために木を集めて積んでいます。そしてその上に我が子を乗せて焼こうとすると、母親である恵信尼が、我が子の骸を抱きしめて離そうとしないわけです。そこで、無理やりに亡骸をもぎ取って焼こうとすると、恵信尼が、

「せめてこの子のために、お経の一巻なりとも読んであげてほしい」

と訴えます。すると若き親鸞は、妻の手からもぎ取るようにして我が子の亡骸を取り上げて、まるで投げ捨てるようなかたちで亡骸を薪の上に置いて火をつける。そして、そのときに厳しく言い放った言葉が、

「念仏は、事実を事実として引き受けよという、仏さまのご催促だ」

という一言です。そのとき恵信尼は、こんな憎い人はこの世にいないといった目つきで憎しみを込めて夫である親鸞を見つめるのです。

私たちの常識の中では、我が子のために経の一巻でもあげてから火葬にしてほしいという恵信尼の願いは当然だ、もっともだと思ってしまいますが、はたしてそうでしょうか。いまは亡骸となった「我が子のために」経を読んでやってほしいと恵信尼は願うけれども、

ほんとうは恵信尼自身のために、もっと厳しく言いますと、恵信尼自身の気休めのためにに経を読んでほしいと願っていたわけです。「我が子のために」と言いながら、じつは自分自身のために願っていたわけです。亡骸に対して経を読むということは、私たちの常識の世界では、なんの疑いもなく受け入れられてしまいがちですが、そうではないはずです。死者に対して経を読んでも、死者のためになる何かがそこにあるわけではないでしょう。恵信尼が「我が子のために」と願ったそのごまかしを厳しく指摘したのが、「念仏は、事実を事実として引き受けよという、仏さまのご催促だ」という一言であったわけです。

言うまでもありませんが、念仏生活の中で経を読むということは、仏恩報謝のためであり、聞法のためです。経を読みながら、経を読む声を聞きながら、本願を憶念し、その教えを聴聞するということでしょう。金子大榮先生のお言葉に、「聖教をひらくも文字を見ず、ただ言葉のひびきを聞く」というのがありますが、まさにそういうことなのでしょう。

ともかく、「白い道」の一齣の中では、愛する我が子の死という事実をごまかすことなく事実として引き受けようとする厳しい場面が描かれていたわけですが、そのような「事実を事実として引き受ける」ということ、それがありのままの世界がありのままに見えてくるということでしょう。そしてそれこそが、韋提希夫人が大悟した、「無生忍」ということの内容でもあるわけです。事実が事実としてはっきり見えるあり方、それが無生忍という悟りであるわけです。

一乗ということ

無生忍とは「ありのままをありのままに見ること」ですが、その無生忍を得たということは、すべての生きとし生けるものの平等の大地、共に生きている地平が明らかになったということでもあるわけです。私たちは、事実を事実として引き受けられず、ありのままをありのままに見ようとしないがために、いつでも自分さえよければいいという自我の分別によって、煩悩を引き起こし苦海に身を沈めているのです。そのような自らの分別が明瞭に思い知らされ、その自我の分別ではどうにもならないということが自覚されたということです。

このような目覚めのことを「得無生忍」というわけです。韋提希夫人の「凡夫の自覚」

といってもよいでしょう。自我の分別によって引き起こされている煩悩の姿が明瞭になるとともに、それ故にこそありのままをありのままに引き受けていける世界が明らかになるということ、それが「煩悩を断ぜずして涅槃を得る」ということなのでしょう。

煩悩を一つ一つ断じて最後に涅槃を得るということは、小乗仏教の教えです。そして、そこでは釈尊が私たちとはかけ離れた遠い存在になってしまった。それに対して、大乗仏教運動を興した菩薩たちは、自らを大乗、大きな乗り物と名告って、それまでの仏教を小乗、小さい乗り物と批判した。そして大乗と名告った意味を思想的にはっきりとした後には、言葉をかえて自らを一乗、ただ一つの乗り物と表現した。そのことの深い意味は、すべてが例外なくありのままにあるあり方。単に大きい乗り物（大乗）ということではなく、生きとし生けるものは例外なくすべてが乗れる世界、それが一乗という世界であるわけです。それは単に大きいという世界よりももっとはっきりした世界であるといえます。そして菩薩たちが自らの仏教を一乗と確信をもって宣言した。その精神が、「設我得仏、不取正覚」ということです。私はいつでも仏になれるけれども、一切の衆生が仏にならないかぎりは、自らは仏にならないという誓願であるわけです。したがって、この誓願は誇大妄想でもなければ理想でもない。それはまさしく、私たちのありのままの事実を表明しているに他ならないわけです。釈尊と仏たちと菩薩たちとは、同じ地平に身を置いているということを、菩薩たちは確信したわけです。それを、大乗仏教運動を興した菩薩たちは「無自性空」という言葉で表現したわけです。そのように、私たちすべてが例外なく同じ地平に身を置いているということを、釈尊は「縁起」という言葉で表現しています。私たちはすべて例外なくいろいろな条件のもとで仮初めに成り立っている存在であるということが、「縁起」ということの直接の意味です。すべてが例外なく無量無数の条件の下に存在している、仏も菩薩も凡夫もすべてが同じ世界に身を置いているという事実を、釈尊は「縁起」という言葉で表現し、大乗仏教運動を興した菩薩たちは、「無自性空」という言葉で表現しているわけです。

仏も菩薩も私たちも、すべてが同じ世界に身を置いている。その真実に目覚めたからこそ「私はいつでも仏になれるけれども、一切の人びとが仏にならない限りは自らは仏にならない」と確信をもって菩薩たちは言い切ったわけです。この意味で、『無量寿経』における法蔵菩薩の誓願が成り立つわけです。実現できそうもない理想を述べたわけではないのです。夢物語を語っているわけではないのです。この事実に目をひらくということが悟りということです。親鸞聖人の念仏の教えの上でいえば、常に阿弥陀如来によって願われている我が身であるという事実が明らかになった世界であるといえます。私が忘れていようが、私がどれだけ粗末にしようが、常に私たちは願い続けられているというその事実が明らかになったということが、悟りということの内実であるわけです。したがって、それは煩悩がなくなったら悟りが得られるという単純な頭の中だけの図式ではないわけです。釈尊が悟りをひらいたということは、そういうことではないのです。

形を通して形なき真実へ

ところが私たちは、残念ながらこの誓願の世界が見えません。煩悩と涅槃という言葉でいいますと、涅槃という真実は形がなく、見えないわけです。私たちは、釈尊の悟りによって明らかにされている真実の世界に身を置きながら、そのことが見えていない。

ところが、私たちは煩悩という形を通してそれを見させてもらうことができるわけです。

煩悩というのは形があるものです。たとえば、腹を立てたという形を通して、形なきありのままの真実の世界に目を向けさせてもらえる。これが「煩悩を断ぜずして涅槃を得る」ということの実際のあり方なのでしょう。腹を立てたことによって自分の姿が見えてくる。顔を真っ赤にして腹を立てている自分の姿を通して、なんと情けない我が身であったかと。そういうように、私たちは形を通して今まで気づかなかった形なき世界への目覚めに出遇っていく。

よく言われますように、病気という苦の形を通して、健康なときには見えなかった世界が見えてくるということがあります。健康であるがために見過ごしていた世界に病気という形を通して気づかされる。煩悩という形、貪・瞋・痴という形を通して、今まで見えなかった自らの姿が見えてくる。そういうことが「煩悩を断ぜずして涅槃を得る」ということの実際ではないかと思います。

龍樹菩薩の仏教―煩悩即菩提―

この「煩悩を断ぜずして涅槃を得る」ということを、別の表現で私たちに教えているのが龍樹菩薩です。龍樹菩薩は、浄土真宗を伝えてくださった七高僧として、親鸞聖人が敬っておられる最初の菩薩です。インドに大乗仏教運動が興った直後に、その大乗仏教の教えを体系的に私たちに明らかにしてくださったのが龍樹菩薩です。ですから大乗仏教の教えというと、どうしても龍樹菩薩の教えを抜きにしては考えられないわけです。これは親鸞聖人ばかりでなく、ほかの宗旨でも、大乗仏教を明らかにしてくださった方であるということで、大乗仏教であればいずれの教えであっても龍樹菩薩を無視することはできません。ですから、日本では龍樹菩薩を八宗の祖師として敬っているわけです。その龍樹菩薩が書かれたものの中に、次のような言葉があります。

真実を見ない人は生死（世間）と涅槃とを分別する。しかし真実を見る人は生死と涅槃を分別しない。

生死と涅槃のこの両者はもともと存在しないから、よく観察するならば、この生死こそが涅槃であると〔世尊によって〕説かれている。（『六十頌如理論』第五、六偈）

ここに「生死こそが涅槃である」（生死即涅槃）という教えが釈尊の教えであると、龍樹菩薩によって明示されています。そのことから考えると、「煩悩を断じて涅槃を得る」というあり方は、仏教本来の教えではないと言ってよいのではないかと思います。それにはそれなりの仏教としての意味があるとは思いますが、それはやはり小乗仏教と貶称されても仕方のない考え方であるといってよいでしょう。

さらに龍樹菩薩は、生死とか涅槃というものは、私たちの分別によって作り出されたものだとも示しておられます。それでは、「涅槃を得る」、煩悩から解放されるということは、どういうことになるのかというと、龍樹菩薩は、

自性として生なく滅なきことが解脱ではないのか（『空性七十偈』第二十四偈）

と説かれています。ここに、私たち生きとし生けるものすべてが例外なくすでに立っている大地、共に生かされている地平が示されているわけです。龍樹菩薩がここで「自性として生なく滅なきこと」と説かれていることを、言葉をかえていえば「無自性空」というこ

とで、釈尊が「縁起」と説かれていることに他ならないわけです。このような「不生不滅」とか「無自性空」とか「縁起」とか、そういう言葉によって表明されようとした一つの平等の大地、最近の表現でいえば「命の世界」にすでに身を置いている。そういうことにおいて、仏も凡夫も何ら区別はない。それなのに、そこに凡夫と仏を区別し、迷いの世界と悟りの世界を分別している。そのことの誤りに目覚めたとき、この迷いの世界がすなわち悟りの世界であることが知られてくると、龍樹菩薩は示しているのです。

本願を信じ念仏申さば仏になる

しかし、実際に私たちがこの世で生活していくときには、形として現れてくるのは、煩悩であるわけです。惑染の凡夫、煩悩具足の凡夫という日々の形を通して、すでに与えられている形なき平等の世界、命の世界を知らさせていただく、それが私たちにとっての悟り、現生不退ということでしょう。「本願を信じ念仏する」ということは、平等の世界からの呼びかけに応えていくということです。仏の願いに応えていく、命をたまわった命の世界からの呼びかけに応えていくということです。煩悩を通して、真実の世界に目をひらかさせてもらっていくということが、そこにあるわけです。これが「煩悩を断ぜずして涅槃を得る」ということです。親鸞聖人は、この言葉に先立って、「よく一念喜愛の心を発すれば」という条件をつけておられます。

能発一念喜愛心

不断煩悩得涅槃

これはきわめて重要なことだと思います。私たちが「煩悩を断ぜずして涅槃を得る」ということの大前提には、「本願を信じる」ということ、仏によってすでに願われている身であったことに「一念喜愛の心を発する」ことがなければならないわけです。

また、生死即涅槃ということについても、親鸞聖人は、私たちが「生死即涅槃なりと証知せしめられる」ことの前提に、「惑染の凡夫、信心発すれば」という条件をつけておられます。

惑染凡夫信心発

証知生死即涅槃

「信心発すれば」といわれるように、この条件なくして私たちが「生死即涅槃」と証知せしめられることはないのです。

すでにして立っている平等の大地、共に生きる命の世界を明らかにしてくださっていることに対する一念喜愛心、つまり信心なくして私たちの涅槃はないということです。このことを端的にいえば、「本願を信じ念仏申さば仏になる」ということになるのです。

「本願を信じ念仏申さば仏になる」と親鸞聖人が端的に教えてくださっておりますが、これは三國連太郎さんの映画でいえば、「念仏は、事実を事実として引き受けよという、仏さまのご催促だ」ということなのでしょう。決して現実から逃げたりしてはいけない。これがありのままの命をいただいたものの、ありのままの姿であったと、そのまま引き受けていける強い力。そういう強い力を、「念仏は、事実を事実として引き受けよという、仏さまからのご催促だ」という表現で、三國さんは理解しているわけです。三國さんは、親鸞聖人の教えを、親鸞聖人が勧めてくださった念仏というものを、そういう表現でいただいているわけです。念仏は事実を事実として引き受けていく厳しくも強い力であると。したがって、亡くなった我が子に、経の一巻でも読んでやってくださいという、そんな甘いごまかしの世界じゃないんだと、三國さんはそのように親鸞聖人の教えをいただいたのでしょう。

ところが、私たちは、ともすると宗教の名を借りてごまかしの中に身を置いてしまいます。一時の慰め、自己満足で、経を読んでやったからこれで死んだ人も助かったであろうと。そういうかたちで自己満足をし慰めて、ごまかして生きている。そういうことを三國さんから私たちは厳しく批判されているのではないでしょうか。

すでにして仏と同じ大地に身を置き、仏と同じ世界から命をいただき、そして仏の大きな願いの中で生活していることのすばらしさを、喜ぶことがなかなかできない。そのために、「病気を治してください」「金儲けさせてください」といって念仏を称えてしまうわけです。念仏を称えたら病気が治ると、そういうように私たちはすぐ考えてしまうわけです。愚かです。欲たかりだから。

しかし、念仏は呪文ではありません。仏に対して何とかしてくださいと願う欲たかりの呪文が念仏ではないわけです。念仏は、ただ今、ここに身をいただいているということの事実、明日はどうなるかわからないけれども、ただ今ここにこうして命をいただいているという命の世界からたまわった自分の身に息づいている命に対して手を合わさせてもらう。それが念仏だといえましょう。私は忘れていたけれども、すでに願われていた我が身であったという、そのことに思い至ったときに、私たちは仏からいただいた他力の念仏が口から出てくるわけです。それが「本願を信じて念仏申さば仏になる」ということなのです。このことに目覚め、そこに身を置いたのが、大乗仏教運動を興した菩薩たちであったわけです。その菩薩であればこそ「設え我、仏を得たらんに、一切の衆生が仏とならない限りは、自らも仏とならない」と確信をもって言い切ることができたのです。

ですから、極楽世界とか浄土といっても、それは理想の世界ではないわけです。まぎれもない事実の世界です。本願の事実に目をひらかれたものにとって明らかになる世界です。死んでからどこかへ行くとか、そういうような、浄土はどこかにある世界ではないのです。いただく世界なのです。私の命は、私のものでなかったと、ただそのことにだけ頷けたら、すでに浄土のはたらきの中に身を置いているということであり、それが極楽ということなのでしょう。決してそれは遠い彼方にある理想の世界ではない、「本願を信じ念仏申さば仏になる」という世界が、そこに明らかにされてくる。そういう私たちの身の事実が、釈尊によって明らかにされたのです。そして、龍樹菩薩は、釈尊の悟りの内容を、「煩悩を断じて涅槃を得る」ということではなく、「生死即涅槃」と再確認した、それが大乗仏教であったわけです。

浄土思想の意義

本願が受け取れなくなった現代人

私たちにかけられている仏の願いというものが、最近の私たちには見えなくなっているように思います。そのようになった原因というのは、煩悩のある人はいけないとか、修行をしない人はだめだとか、いろいろな人間の側の分別で仏教をとらえていくというようになったからだと思います。仏教から人間を見るのではなく、人間から仏教を見ていくという方向に逆転した、それこそが、特に近代、現代の問題だろうと思います。修行をしなければいけないとか、煩悩があってはいけないとか、煩悩があるものは救われないというのは、人間の側の勝手な思い込みです。近代的な言葉を使えば、自我、「この私が」という自我が基本となって出てきた、人間の側の勝手な差別なのです。

そういう人間の自我を、すべて打ち破っていくのが本願。一切の生きとし生けるものすべてに対して、平等な眼差しで願いをかけているという、その仏の側の真実ということへ、まずきちっと目を向けなければいけない。それを人間の側の分別に立って、人間の側から本願を考えていくと、本願が見えてこない。そういう問題があるのではないかと思います。

それは、人間の自我を大切なものと考えた結果であって、人間が仏法より上になってしまった。自分に都合のいい仏法はないだろうかと、そういうふうに人間が上になって、仏法が下になってしまった。そういう問題がずっと明治以後の近代ヒューマニズムによる人間中心主義の課題としてあるのではないかと思います。仏教がまずあって、それに聞いていくという方向ではなしに、自分で自分を決め込んで、それに都合のいい教えはないだろうかというような形で仏教を利用していく。そういうように、自我が仏教を利用しようとする方向性をずっとたどってきたわけです。たとえ自我が自らを悪人だ、凡夫だと見下しても、それはあくまでも自我の否定的なポーズをとった自己肯定でしかないのです。仏によって悪人だ、凡夫だと言い当てられたのとは本質的に異なっているわけです。

自らを肯定するにしても否定するにしても、その主体が自我であるかぎり、自我が仏教を利用することになります。そういう自我を打ち破っていくのが本願なのです。そういう視点に立てば、本願というのは、そんなに難しいものではないわけです。仏の真実に照らされるということがどういうことなのかをはっきりすればいいのです。そのときに、「私が」という自我があると、問題が難しくなってくる。己れをむなしくして、謙虚に仏の本願を聞いていく。自分で本願を作ってはいけない。聞いていくという姿勢を、私たちはこれから回復していかなければならないのではないかと思います。

自我の世界の中で、その自我を是認して、善であるとか悪であるとか、煩悩があるとかないとか、偉いとか偉くないとか、いろいろな差別を作って、勝手に決め込んでいる人間に対して、そういう殻を打ち破れと、そういうことが仏の智慧のはたらきとして、本願という形をとって私たちにはたらきかけてくる。そういう仏の智慧のはたらきが本願であって、それ以外に本願はないのです。そういうように、本願がいわゆる智慧から慈悲へという仏のはたらきとして私たちのうえにはたらいている。そういう意味において、慈悲というものは、ヒューマニズムとか、人情とかというものとはまったく違うのです。この身の事実に目覚めよという本願としてはたらくのが慈悲なのです。

涅槃寂静の浄土

ところで、宗教であるかぎりは、死の問題をきちっと解決していなければ、宗教とはいえないはずなのに、そのことがどうも最近言えなくなってしまった。この世での快適な生活のみを追求してきたヒューマニズムがすべてを支配し、死を主題とする宗教を遠ざけてしまった。

それはどうしてかというと、現代人はこの世に天国をつくって、この世に一分でも一秒でも長く生きていたい、死んだら終わりであると、そういう考え方に陥っているため、死ぬことをひたすら恐れているわけです。そのように、現代人である私たちのものの考え方を基礎づけているのは、少し難しいですけれども、科学的合理主義といって、科学的にきちっと証明できないものはわからないと、だから科学的にきちっと証明できたものだけは確かであると、このような考え方が現代人の思考の根底にあるわけです。『広辞苑』によると「科学」とは「体系的であり、経験的に実証可能な知識」であると説明されているのです。このように自分で経験できないものはわからない。したがって、死を経験したらもうこの世にはいないのですから、死は絶対に経験できない。経験できないものはわからない。現代人はそういう科学的な実証主義に立っているわけです。そして現在の命がいちばん大事であると、命に固執するわけです。命がいちばん大事であるというけれども、死の問題を抜きにした今の命だけとなってしまった。ですから、真宗学であるとか、仏教学であるとか、そういうものを専門に勉強されている方でも、死んだらどうなりますかと質問されて答えられない。そういう状況を作り出してしまったのです。

さて、その死の問題については、仏教では明確なのです。そのことは「涅槃寂静」と釈尊が説いているわけです。ところが、死は静けさである。涅槃に立ち返っていくのであるということを、私たちの自我が受け入れられず、なんとしてでも自分の死に意味を持たせようとする。そのため、ほとんどの宗教は再生を説きますが、自分は無宗教であると宗教を認めない人でさえも同じようなことを言うわけです。しかし、釈尊は、死に意味を持たせなかった。死は、もとの命の世界に戻るということで、意味があるわけではない。私を私たらしめていたすべての因縁が静かに静まった涅槃寂静が、死後の世界がある。それが浄土といわれ、清らかな世界であるといわれているのです。

しかし私たちの自我は、どうしても死に意味を持たせようとする。特にインドの場合は、自分の行なった行為の報いを受けて、死に変わり、生まれ変わりを永遠に続けるという、業報による輪廻転生ということがインドの宗教の基本にあるわけです。これは普通の再生どころではないのです。原始宗教とか、民族宗教の再生論は非常に素朴です。人間は人間として生まれ変わる。牛は牛として生まれ変わる。その人が生きている間に行なった行為の報いを受けて生まれ変わるというようなところまでは言わないのです。自我が再生を願うときに、インドの場合は、前世に何を行なったかという業の報いを受けて輪廻に転生すると考えた。輪廻というのは、死に変わり、生まれ変わりする流転の世界です。その流転の迷いの世界に生まれる。だから、業報輪廻は再生ではなくて転生なのです。再生は素朴な生まれ変わり。それに対してインドの場合は、自分の行なった行為の報いを受けて生まれ変わる転生なのです。こういう業報による輪廻転生という生命観が、釈尊の時代のインドの宗教の常識だったわけです。この業報による輪廻転生こそは自我の生き残り作戦の最たるものと言えるでしょう。

この業報によって輪廻に転生するという考え方は、ある面でよい考え方であったといえます。それは人びとに善を行なわしめ悪を行なわしめないという倫理的な役割を持っていたからです。業の報いを恐れて悪を行なわないという、いわば宗教的な呪縛です。このように人びとに恐れを抱かせる宗教的な呪縛によって、悪を行なわしめないという宗教としてはキリスト教もそうですが、ともかくも、たとえばこの世に奴隷として生まれたのは、過去世において悪業を行なったからであるということになります。また、この世で善果をたくさん積めば、未来世には安楽な生まれが待っているということにもなります。

このように、業報輪廻という説は、悪を行なわしめないという宗教倫理の面と、それに同時に「生まれの差別」をも形成していたという、もう一つの面があったわけです。これがのちにカースト制というインド社会の身分差別となっていくわけです。そのような輪廻の生まれ変わりの世界から脱出することを解脱といったのです。どのようにして輪廻転生の世界から脱出することができるかということが、当時のインドの宗教界の課題だったわけです。

命の平等を説いた釈尊

ところが、釈尊はほかの宗教家たちとは基本的に違っていたのです。釈尊の悟りの基本は、「生きとし生ける命はいかなる命であっても平等である」というものです。釈尊のこういう悟りの基本は、「生まれの差別」を形成している業報による輪廻転生に対する疑問からスタートしているのであり、直観ともいうべき「命の平等」という悟りの基本から、業報輪廻転生という考え方は人間が作り出した誤った考え方であるとして、それを根本から否定したことなのです。ほかの宗教家たちは、業報輪廻転生という「生まれの差別」を否定せずに、それを前提として、その輪廻から解脱することを思索したのに対して、釈尊は、その業報による輪廻転生という考え方そのものを否定したわけです。そして、その「命の平等」という自らの直覚を「縁起の道理」によって論理的に説かれたわけです。

たとえば、仏典には「一切衆生」という言葉があります。「全ての生きとし生けるもの」という、一切衆生という言葉は仏教だけの言葉です。ほかの宗教にはありません。また、釈尊が亡くなられたときの絵図では、人間だけが釈尊を取り囲んでいるのではない。鳥も動物も人間と一緒になって涙を流して釈尊の入滅を悲しんでいます。一切衆生という言葉は仏教の専売特許です。仏教以外では説いていないのです。それが釈尊の「命は平等」という直覚であったわけです。それで、その直覚を、直覚というのは理屈抜きですから、それを論理的に説明するために発見されたのが「縁起の道理」なのです。

縁起とは、これまでたびたび触れてきましたように、ガンジス河の砂の数ほどのご縁によって私たちはただいまを生かされているという意味です。私を私たらしめているご縁のすべてを取り除いたら、私といわれるようなものは、塵・垢ほどもない。百パーセントいただきものであったということです。それを無我といいます。我れ無し、私といわれるものはないということです。

ですから、ただいまの私の存在は、すべていただきものであり、自分で選んだものではないのです。無我とは、他力ということにほかなりません。そういう無我的・他力的なあり方において、すべての命は平等なのです。

私たちは人間に生まれようとして人間に生まれたわけではありません。気がついたら人間だったというだけのことです。動物も魚も、自らの生まれを選んだわけではありません。ご縁によって人間ともなり、動物ともなっているだけなのです。どの命も、みんなそういう在り方で平等なのです。

このように、すべての「命は平等」というのが仏教の基本ですが、ほかのインドの宗教では、命の平等は説いていません。命の差別を前提としています。現在のインドのヒンズー教でも、生まれによる命の差別を前提としているのです。

ところが、釈尊は縁起と無我という教えによって、当時のインドの宗教界の常識であった「生まれの差別」を否定し、「命の平等」を説いたのです。縁起と無我という教えによって、業報によって輪廻転生するという考え方を根本から否定したわけですが、それは輪廻転生ということを理論的に成立させないための教えであったわけです。なぜなら、輪廻に転生するというとき、私たちの業の報いを次の生まれに運んでくれる存在が必要になります。そういう存在を想定したのがインドの宗教です。

そして、その代表的なものがアートマンですが、これは漢訳で「我」と訳されています。インドの宗教におけるアートマンという存在については、教えの違いによっていろいろ違った呼び方がありますけれども、このアートマンという霊的な実在があって、それは死んで体が火に焼かれても、消滅せずに次の世に移っていく。そのときに、この世で行なった行ないの報いがこのアートマンに付着している。そのように、アートマンは業報を次の世に運んでいくという考え方です。

あるいは、いま話題になっている遺伝子のように、過去の情報がいっぱい詰め込まれていると考えてもよいでしょう。遺伝子は、焼かれたら消滅してしまいますからだめですが、インドで考えた遺伝子は、火に焼かれても消えないで、情報をいっぱい詰め込んで、次の世に持っていくというわけです。いろいろな考え方があるのですけれども、そういうように生と死を繰り返してもなくならない霊的な存在を想定しなければ、業報による輪廻の生まれ変わり、死に変わりは、論理的に成立しません。その生と死の繰り返しを可能にするような不滅の存在である我（アートマン）を、釈尊は存在しないと説かれた。つまり「無我」だということをきちっと言い切られたのが釈尊です。

インドのほかの宗教家たちは、アートマンという存在を認めたうえで、その輪廻の世界からどのように解放されるかを考えた。それがインドのほかの宗教家たちです。釈尊は、アートマンの存在そのものが人間の妄想でしかないということを明らかにされた。これが仏教の特異性なのです。

釈尊が説かれた独自の業論

ところで、釈尊だけがアートマンの存在を否定したわけではなく、アートマンを否定する教えを説き出したのは、沙門といわれる人たちで、彼らの多くはアートマンの存在を否定しています。釈尊も沙門の一人です。仏弟子たちは釈尊のことを大沙門と呼んでいます。沙門というのは、その当時の伝統的なバラモン階級の出家者ではなしに、業報による輪廻転生という生命観が確立された時代の中で、その輪廻の世界からどのようにして解放されるのかを思索し始めた新しい出家者たちのことで、シュラマナという原語の音写です。

シュラマナという意味は、「努力する人」という意味です。そういう沙門という人たちが現れてきたのです。釈尊も、その沙門の一人に出遇って出家するのです。そして、その沙門の一人となるわけです。

沙門にもいろいろな教えがありますが、仏教の中で伝えられているのは六師で、六師外道といいます。師とは先生という意味であり、外道というのは仏教以外の教えということですから、仏教以外の六人の先生として釈尊になんらかの影響を与えた先生たちです。その六人の沙門の教えが、たとえば『沙門果経』とか大乗の『涅槃経』という経典の中にまとめて説かれています。

その六師のほとんどがアートマンの存在を否定します。もっとも極端なのは、いわゆる唯物論者です。私たちの体は、地、水、火、風という四大元素でできていて、死んだらその四大元素に還元されるのであって、アートマンなど存在せず、来世に向けての業の報いなどというのはあり得ないと説きます。また、善いことを行なえば楽が与えられ、悪いことを行なえば苦が与えられるという、そのような他律的な業報などということは、論理的にあり得ない。そういう徹底した道徳否定論者も六師外道の中におります。

ところが釈尊は、この唯物論的な見解や道徳の否定を説くのとは異なって、業報ということをまったく無視したわけではないのです。それどころか釈尊は、インドの当時の宗教界で、ほかの宗教家たちが誰も説かなかったような、独自の業報論を展開するのです。ですから、釈尊は業論者と呼ばれる場合もあります。

善いことを行なって楽が与えられ、悪いことを行なって苦が与えられるという、そういう道徳を六師外道の人たちはほとんど無視しました。けれども、釈尊はそうではなかった。たしかに行ないの報いを受けて生まれ変わり、死に変わりするという業報輪廻を否定したが、一方で釈尊は「業は思である」という、釈尊独自の業論を展開した。思というのは、自覚とか意思という意味であり、業は心の問題であると説いたのです。この世で善いことを行なえば、次の世で楽な生まれがある。この世で悪いことを行なえば、次の世で苦しい生まれがあるというのは、客観的で他律的な論理です。

これを私は、科学的法則による業論というのです。種子から芽が生えるのと同じように、一つの客観的な事柄です。それが業報による輪廻転生ということです。

そういう他律的な科学的法則としての業報輪廻を、釈尊は否定したわけです。そして業というのは、心の問題だとされた。

たとえば、人間の悪行の中でいちばんの悪業といえば、生き物を殺すということです。生き物を殺すということを徹底的に厳しく戒めたのはジャイナ教で、そのジャイナ教というのも、六師外道の一つの教えです。釈尊は、この不殺生という教えを仏教の中に取り入れています。

王舎城の悲劇としてよく知られている物語、これは実話に基づいている物語ですが、阿闍世が父の頻婆娑羅王を殺害して王位を奪った。自分の父親を殺すというのは、仏教では五逆罪という最も重い罪の一つです。自分の父親を殺した阿闍世が、その罪の意識にさいなまれて、熱を出し、そして体中にできものができ、それが化膿して悪臭を放つという、そういう物語が大乗の『涅槃経』に説かれています。

じつは、この阿闍世に対しても次々と六師外道の説が説かれ、苦悩する必要はないという見解が語られるわけです。阿闍世は父王を殺すまでは生き物を平気で殺していたのです。その中には、当然ながら人殺しも入っていたわけです。しかし、そこには罪の意識はなかったのです。その阿闍世が父王を殺したことにより初めて罪の意識にさいなまれることになるわけです。父親を殺して王位を奪った王子は多くいますが、そのすべての王子が苦しんだというわけではない。父王を殺すのも国を守っていくためにはやむを得ぬことだと、父王を殺しても平気でいる王子も多くいたわけです。ところが阿闍世は苦悩した。そこで初めて、阿闍世のうえに業の問題が生じてくるのです。

ですから、生き物を殺してもなんの罪悪感も持たずに平然としている人には、仏教の業論は無関係なのです。しかし、法律はそうはいきません。人を殺した場合には、自分は悪いことをしたと罪の意識をもっていなくても法律は罰します。私は悪いことをしていない。奴は殺されて当然なのだといって、自分が人を殺したことになんらの罪悪感を持たなくても、法律はそれを裁きます。だが仏教は、法律ではないのです。仏教の業論は、他律的な法則でもなければ、法律でもない。

仏教では、殺生に苦悩している阿闍世の救いが問題なのです。苦悩しない人には、救いはいりません。苦しんでいない人に「あなたは苦しまなければなりません」と問い詰めたって、どうしようもない。

よく聞く話ですが、人間は本来的に苦的存在であるから、苦しんでいない人にも苦を自覚させなければならないなどという人がいますが、困ったものだと思います。自分が仏になったつもりでいるのでしょうか。自ら苦しみ、苦しんでいる人と共に聞思するのが仏教であるはずです。

阿闍世は、苦悩の中で自分の身をさいなみ、そして体にできものができるほど苦しんでいる。苦しんでいるその阿闍世の苦悩を、どう救っていくかというのが仏教の業論なわけです。

「業は思である」

このように、仏教における業論というのは、科学的で他律的な法則でもなければ、法律のようなものでもない。自分の行なった行ないが苦悩となったときに、その苦悩からいかにその人を解放していくかという教えを説いたのが仏教なのです。

苦悩していない人に対して、無理やり苦悩させる必要もありませんし、苦悩からの解放を説く必要もありません。ですから、あくまでも業の報いということは、自覚に基づいた心の問題なのです。その人が苦悩したときに、自分の苦悩の原因が、無始曠劫流転せるわが身という世界として開けてくる。無始曠劫流転するということは、なにも科学的な事実でもなければ、法則でもない。自分の身の苦悩の原因というのは、苦悩を持ったその人の中に初めて明らかになってくる。言うまでもありませんが、苦悩していない人には、苦悩の原因などあるはずもありませんし、それを明らかにする必要もありません。そういう点が、釈尊のまったく新しい業論なのです。

因があって、果があるということを、普通は誤解していて、科学的な因果律と考えるのです。たとえば、麦の種子から麦の芽が生えるという因果関係です。しかし、善いことをすれば、楽が得られ、悪いことをすれば、苦の果があるというようなことは、科学的法則でもなければ、他律的に定まっているわけでもありません。それはあくまでも、苦と感じた人において、その因が問題になってくるときに、問題となるのであって、その場合の因果は、他律的な法則としてあるわけでも、法律のようなものでもないのです。

すなわち、苦悩する阿闍世において害父が苦悩の因となるのであって、そのことに阿闍世が苦悩しなければ害父は苦悩の因とはならないということです。苦悩する現在の中に地獄が見えてくるのです。苦悩のないとき地獄は見えてきません。地獄がどこかにあるのではなく、地獄は苦悩の中で見えてくる世界なのです。

それが釈尊の「業は思である」という業論の基本であり、これは独特な業論です。ただいま苦悩にさいなまれているという、その現実のうえから、その苦の原因を追究していく。そこにほんとうの救いが生まれてくるわけです。

たとえば、父親を殺した阿闍世に対して、国のために親を殺した王子が多くいるのだから、そしてその王子たちのすべてがそのことに苦しんだわけではないから、苦悩する必要がないのだといわれても、阿闍世の苦悩は消えるはずがないのです。その苦を真っ正面から引き受けて、それを懺悔していく。自分の行なった行ないを罪と認めて、そこに懺悔していくという道を通しながら、苦の問題は解決されていくというのが仏教の基本なわけです。

「業は思である」という釈尊独自の業論は、その人の心の問題、すなわち自覚の問題、意思の問題なのです。罪を感じた人にとっては、それは罪ではないと、どんなに説得されても、自覚された罪はもう消し去ることなどできません。その苦悩をどうするかというところから仏教は出発しているのです。宗教は科学的な事柄ではないのです。人間の心を取り扱うものです。そのことを明らかにしたのが釈尊の業論の非常に大事なところなのです。

この釈尊の自覚的な業論による苦悩の解決について、その要点は『歎異抄』にあるように「さるべき業縁のもよおせば、いかなるふるまいもすべし」という身の事実に目覚めていくということなのです。王子でなければ父王を殺す縁はなかったかもしれませんし、父親が王でなかったならば父親を殺す縁はなかったかもしれません。たまたまのもろもろの縁によって、時には善業を行ない、時には悪業を行なわなければならないのが私たちではないでしょうか。そういう身の事実が明らかにされていくとき、それを引き受けていく世界が開けてくるのです。

阿闍世も、この釈尊の教えにもっと早く出遇っていたならば、父王を殺そうとする思いは生まれなかったかもしれないと自らの悪業を悔いつつ、「さるべき業縁のままに」しか生きられない人びとと共に生きようと誓って、自らの悪業を引き受けていくわけです。

輪廻転生を仏説とした仏弟子

これが釈尊の業論なのですが、しかしながら一方においては当時のインドの業論である輪廻転生という常識が、たいへん根強くあるわけです。特にそこには善を行なわしめ悪を行なわしめないという勧善懲悪の思想があるため、そのために、じつは釈尊の亡き後、仏弟子たちもそれを仏教の中に取り入れて仏説としてしまうのです。そこで新たな問題が起こるのです。

釈尊の「業は思である」という自覚的な業論を、仏弟子たちはすこし変質させまして、「意思を持つ業」という、業そのものに意思を持たせるというあり方に変えていくわけです。業自体に苦楽を引く力を持つ業があるというわけですから、業にアートマン（我）のような力を持たせたわけです。そうすることで、アートマンのような霊的な存在を設定せずに、輪廻転生を仏教の中へ取り入れていくということをしたのです。ともかくも、業の報いを受けて、生まれ変わり、死に変わりするというインドの宗教の常識は、現代でもまだ続いていて、現代のインド人もそれを信じているため、「生まれの差別」が今でも是認されているというのが実状です。それほど根強いものがあるわけです。

そんなことから、仏教は根強いインドの民族思想である業報輪廻という宗教的呪縛を仏教の中へ仏説として取り入れてしまったのです。つまり、善いことをすれば楽が与えられ、悪いことをすれば苦しみになるという倫理を、他律的な因果関係とする業報輪廻を取り入れてしまったわけなのです。そのために釈尊の業論からすこし変質した業論を説く仏教となっていってしまったのです。

そのことについての端的な例として、出家教団に対して布施を行なえば天に生まれることができるという生天思想というものが形成されるわけです。仏弟子たちは、釈尊が亡くなって百年ほど後になって、五道といって、地獄、餓鬼、畜生、人、天という五つの輪廻の世界を説くようになります。さらに後には、それに阿修羅が加わって六道輪廻が説かれるようになりますが、その中でいちばん位の高い世界が天です。その天の世界に死んでから生まれるという、輪廻転生を是認するような思想を仏教の中へ取り入れていきます。そこに一つの問題が出てくるわけです。

よく釈尊の仏教は出家仏教だといわれますけれども、これは後の時代がそうしてしまったわけです。釈尊の悟りは、在家とか出家に関係はなかったのです。みんなに平等に開かれていたのです。初転法輪において五人の出家者が悟りを開くと同時に、ヤサなどの在家の人たちも、そのとき悟りを開いているのです。

在家と出家の関係ということについていえば、たとえば一般の会社でも営業マンと事務員がいます。営業マンだけでは会社は成り立ちません。出家というのは営業マンのようなもので、教化活動を専門にしている。それに対して在家の人は、日々の生活の中で仕事をしながら、その営業マンを支えていく。これは事務員のようなものです。出家と在家というのは、それぐらいの違いだったわけです。

営業マンというと抵抗を感じる人もいるかもしれませんので、エリートといってもいいのですが、出家者はエリートであったわけです。要するに、持ち場、持ち場なのです。真宗の教団でも、住職と門徒の区別があります。住職というのは教化のための営業マンです。教化活動をするエリートなのです。しかし実際に宗門を支えているのは、大多数の門徒なのです。その門徒に支えられながら、住職が布教活動を行なっている。そういう相互関係に支えられて教団があるわけです。住職だけの教団ではない。釈尊の時代もそうだったわけです。

ところが釈尊亡き後、釈尊の仏教を出家者が独占してしまったのです。そして、出家者と在家信者とを区別してしまった。出家者は、悟りを開くために修行する。在家信者はその出家者に布施を行なうことによって、悟りは開けないけれども、天に生まれることができるという、出家者と在家者とを区別する教理が出来上がっていったのです。天の世界といっても、輪廻の世界です。天はいちばん位は高いけれども、しょせん迷いの世界です。在家信者に対して出家者に食事や法衣の布施をすることは、いかなる善行よりも勝れた善行であるから、死して天に生まれることができるという生天思想を説き出したわけです。釈尊がこれを聞かれたら、びっくりされることでしょう。しかし教団を守っていくための見事な教理ともいえます。

そういうようなかたちで生天思想が説かれるようになって、すでにそこでは仏教は業報による輪廻転生を受け入れているわけです。

もう一つ例を上げますと、釈尊が生まれたとき、産後の肥立ちが悪くて母親である摩耶夫人が亡くなります。その摩耶夫人は忉利天に生まれているといわれるようになる。忉利天というのは、六欲天の一つで、天の世界ではいちばん位の低い天なのです。人間の世界のすぐ上にある世界です。その忉利天にいる摩耶夫人のために、釈尊は忉利天まで昇っていって、母親に説法したというような物語が作られたりするようになったのです。そういうような物語の中でも、仏教は輪廻転生ということを教理の中へ取り入れていることがうかがわれます。

強烈な再生への願望

それは仏教教団として、当時のインドの民族宗教を受け入れることによって、教団が拡大していくという、そういう世俗的な事情もあったのでしょうけれども、やはり業報による輪廻転生という根強いインド社会一般の常識があったわけです。だから死というのは、この私を私たらしめていたあらゆる因縁が静かに消えていった、静けさであるということを多くの人たちはなかなか受け入れられなかった。やはりもっと幸せな世界へ生まれ変わりたい。そういう再生への願望がどうしてもインド人の中に根強くあったわけです。

そういう再生への願望は煩悩であるということを、仏教は絶えず指摘している。

たとえば世親は、次のように説明しています。世親といえば『浄土論』の著者であり、大乗仏教における唯識思想の大成者としてもよく知られていますが、三種の汚れが人間にはある。煩悩の汚れと、行ない（業）の汚れと、生まれの汚れがある。その中、煩悩の汚れは三つある。誤った見解と、貪欲や瞋恚や愚痴という根本的な煩悩と、もう一つ再生への願望。これは煩悩の汚れであると世親は説明しています。

この再生への願望は生まれの汚れの中でも説かれていますが、しかし人間は生まれ変わりへの願望というものをどうしても捨て難い。そういうところから、在家の仏教信者も生天思想を受け入れていく。再生への願望をどうしてもインド人の場合は捨てきれない。そういう現実の問題があったわけです。

みなさんはどうでしょうか。命を終えてから、生まれ変わりたいという再生への願望は強くありますか。もうこの世だけで十分で、また生まれ変わるなんてとんでもないと、私はそう思うのですが、みなさんはどうでしょう。こんなすばらしいご縁をいただいて、このご縁が尽きれば、それで私はもう大満足です。それ以上の死への意味づけをして、より幸せな再生をしたいとか、生まれ変わりたいとか、そんな思いは私にはありません。

ところが、インドの人たちは、そうはいかなかったわけです。やはりもっともっと幸せな世界へ生まれ変わりたいという、業報による輪廻転生を固く信じているインド民族の願望があるわけです。

　そこで仏教も、そういう再生への願望をどうしても断ち切れないでいる人たちの思いをどういうかたちで解消していくかという課題の中から、大乗仏教になって、浄土思想が形成されてくるわけです。乱暴な言い方をすると、そんなに生まれ変わりたいなら、輪廻の世界ではなしに、仏の世界へ生まれさせよう。天の世界などという迷いの世界ではなく、仏の世界に生まれさせようということです。仏の名を称えたら、その仏の国土に生まれることができるということを説くようになったわけです。命が終われば、いただいたご縁がすべて消えていく。静けさに立ち返るのだといわれても、それでは寂しい。この世で善いことをして、もっと幸せな世界へ生まれ変わりたい。そういう再生への思いが強い人たちに対して、命が終わるということは涅槃寂静ということであるといくら言っても聞き入れられない。それほどまでに生まれ変わりたいなら、仏の名を称えよ。仏の名を称えたら、その仏の国に生まれることができると説いた。これにインドの人は喜んだのです。天の国という迷いの世界に生まれるのではなく、仏の国という悟りの世界に生まれることができる。ほんとうに生まれ変わりということを固く固く願っていた人たちにとって、これはすごい教えとして受け入れられたのでしょう。その結果として浄土思想というものが形成されてくるのです。

いうまでもありませんが、仏の国に生まれた人は、もう輪廻転生はしません。仏の国に生まれたことによって、悟りの世界へ入ったわけですから、そこで涅槃寂静という仏教の救済原理は完結するわけです。

このことを思索した人というのは、すごいと思います。仏の国に生まれさせたことによって、その人は輪廻の世界から解放される。そして再び輪廻の世界に生まれ変わることはない。だから生まれ変わりたいという再生への強い願望を断ち切れなかったインドの民衆に対して、仏の国に生まれさせることによって、しかも仏教が目指す涅槃寂静、必至滅度という救済原理をそこで完結させるという、二段構えにしたわけです。

だから、仏国土に生まれることは目的ではなくて手段なのです。目的は涅槃寂静、無上涅槃に至るというのが目的なわけです。ところが、最初からその目的を説いても、一般の人は納得しないから、そこでその目的を達成させる手段として仏国土に生まれさせるという方便を講じたわけです。

念仏ということ

このようにして、初期の大乗仏教では、仏国土といっても、阿弥陀仏の国土である極楽だけではなく、いろいろな仏とその国土が説かれたのです。仏は、『阿弥陀経』の六方段にあるように、ガンジス河の砂の数を越えるほどたくさんいるわけです。東南西北上下にいろいろな仏がいると説かれているわけで、同時にその仏のいるいろいろな仏の国があるわけです。それがいつの間にか阿弥陀仏と、その極楽世界に集約されてくる。大乗仏教の思想的大成者とされている龍樹の在世した二、三世紀ころには、もうすでに仏国土といえば極楽世界のこととなっています。

諸仏の名は龍樹の著作とされている『十住毘婆沙論』にもたくさん説かれておりますが、そのころに阿弥陀仏とその極楽という、一つの仏とその国土に集約されていきます。なぜそのように集約されていったのでしょうか。

それは無量光・無量寿という阿弥陀仏の仏の名前によっているのではないかと考えられ

ます。あくまでも浄土に生まれさせることは手段であって、目的ではないけれども、その仏教の救済原理を名で表している仏が、阿弥陀如来なのです。無量光・無量寿というのが阿弥陀仏の中身です。

この点については、すでに説明しましたように、一切は空（ゼロ）であると知見し、すべてを空と見通す智慧が無量光であり、その智慧が慈悲として展開するのが無量寿であるという、大乗仏教において基本となっている智慧から慈悲への動向が中身となっている仏の名が阿弥陀仏なのです。

このことについて、もう少し確認しておきますと、阿弥陀仏を念じる念仏によって極楽世界に生まれるわけですが、その念仏とはどういう内実を持っているのかといいますと、『般舟三昧経』では、念仏は一切は空であるという認識を得るためであると説かれていません。また『観無量寿経』においても、阿弥陀仏を見るということは、空という身の事実の認識（無生忍）を得ることであると説かれています。そういう内実が阿弥陀という仏の名前によって示されているわけです。

そういう無量光・無量寿という仏教の救済原理を体現している阿弥陀仏に仏の名は集約

されていく。

それから極楽という国名もいいではないですか。やはり普通のインドの人たちは安楽なところへ行きたいと思う。「安楽のあるところ」という意味であるスクハヴァティーという原意もなかなかいいのではないかと思います。けれども、光明無量・寿命無量という阿弥陀仏の徳性こそが、種々の仏国土が最終的に阿弥陀仏の世界へと集約されていった主たる原因だと思います。ここに阿弥陀仏を念ずれば極楽へ往生させるという本願を中心とする浄土経典が説かれるようになり、浄土思想が完成されていくわけです。

そういうように、浄土への往生は、手段であって目的ではなかった。目的は涅槃寂静、第十一願の必至滅度の完成が目的なのです。かならず完全な涅槃に至らしめる。この目的を完成するために浄土への往生が説かれたわけです。

中国で変質した浄土思想

ところが、『無量寿経』などの経典に説かれている浄土思想の基本が、中国において違って理解されます。浄土に生まれることが手段ではなくて、目的になってしまったわけです。安楽な世界へ生まれること、理想の世界に生まれることが目的になってしまったわけです。ここに浄土思想の変質が生じてしまったのです。

浄土に生まれることが手段ではなくて、目的になってしまったら、それには条件がつくことになります。よいところへ生まれるのに誰でも行けるはずがない。修行しなければならないとか、念仏をたくさん称えなければならないとか、いろいろな条件がつくようになるわけです。しかし本来は必至滅度という仏教の救済原理を実現するための手段だから、浄土への往生に条件は要らないのです。浄土に生まれるそのこと自体が必至滅度という目的を完成するための条件なのであるから、浄土に生まれるための条件は必要ないのです。条件にさらに条件をつける必要はないのです。

ところが、浄土に生まれることが目的となったがために、そのための条件が新たに付きだしたわけです。それが中国や日本における浄土教の歴史となっているわけです。そのことをもう一度本来の浄土思想に立ち返らせたのが親鸞聖人です。

浄土に生まれさせるということ、阿弥陀仏の極楽世界に生まれさせるという誓願は、これは手段なのであって、目的は無上仏、無上涅槃であるという、この浄土思想の持っている二段構えの中身をきちっともう一度押さえ直したのが親鸞聖人です。それは阿弥陀仏の本願に従ってその国土に還ったならば、一切の行願は自然に成就するということなのです。この二段構えの中身が、すでにすこしく説明しましたように、親鸞聖人によって方便化土への往生と真実報土への往生として明示されているわけです。このことについてはすでに説明しましたが、これは見事なことだと思います。

正しい往生思想を回復した親鸞

そのことを親鸞聖人が明快に確認しているのが、いわゆる「自然法爾章」といわれている文章です。この文章は『末燈鈔』の中にも収められています。「自然法爾章」の一文は、次のようです。

ちかいのようは、無上仏にならしめんとちかいたまえるなり。無上仏ともうすは、かたちもなくましますかたちもましまさぬゆえに、自然とはもうすなり。かたちましますとしめすときは、無上涅槃とはもうさず。かたちもましまさぬようをしらせんとて、はじめに弥陀仏とぞききならいてそうろう。弥陀仏は、自然のようをしらせんりょうなり。

阿弥陀仏のましますき極楽世界という仏国土に往生させようとする本願とは、私たちのはからいを超えた他力であり、ありのままの自然の世界を知らせんための方便であると、ここにきちっと説かれているわけです。

浄土への往生、阿弥陀仏のまします極楽世界に生まれさせようとする本願は、必至滅度という、無上涅槃を実現するためであると明確に説かれています。ここに浄土への往生とは無上仏にならしめること、無上涅槃に至らしめること。これが目的なのである。その目的のための手段として阿弥陀仏の極楽浄土が説かれているのである、「弥陀仏は、自然のようをしらせんりょうなり」と、親鸞聖人はここで説明しています。浄土思想の持っている意義といいましょうか、大乗仏教の思想といいましょうか、その教えに素直に耳を澄ませば、この「自然法爾章」の文章はきわめて明快に響いてきます。

その響きとは、〝自然とは他力であり、他力とは本願であり、本願とは往生浄土であり、浄土とは必至滅度であり、滅度とは真実報土である〟という真実への目覚めを願う自然の快楽《けらく》音です。

ただこのあと親鸞聖人は、次のように付け加えています。

この道理をこころえつるのちには、この自然のことは、つねにさたすべきにはあらざるなり。つねに自然をさたせば、義なきを義とすということは、なお義のあるべし。これは仏智の不思議にてあるなり。

ここに親鸞聖人が、慎重に自然という言葉を使っていることが知られます。

親鸞聖人のいう自然とは道理なのです。人間の分別を離れたありのままという道理なのです。だから、自然という「こと」という意味で使っているわけです。それを自然の世界という、無為自然という道教の教えがありますが、ありのままの「もの」としてとらえてしまうと、問題が起こるのです。道教などにおいて無為自然といった場合には、無為の世界がすべての有為の世界の根底にあって、無為という「もの」があって、この無為からいろいろなものが生まれ出てくる。有為が形成されるという、こういうように、無為を「もの」と考えているわけです。実在的に考えているわけです。これはちょっと難しい話なのですけれど、「もの」と考えると、ものにはかならず意味があります。すなわち「義」があるのです。

たとえば、仏教の基本として、「一切は空である」というのは、空である「こと」という道理なのです。ところが真言密教になりますと、それが空という「もの」と考えるようになります。そうすると、空といわれる何らかの存在という意味（義）を持つようになります。すなわち、その空という実在からすべてのものが生まれるという一元論になっていくわけです。

親鸞聖人は、自分がここで述べている自然とは、そういう「もの」ではなくて、自然ということ「こと」であると、「ことわり」であると注意しているわけです。すなわち「自然のことわり」と、こう押さえているわけです。自然の道理といわれているのです。「こと」は存在ではありませんから、それは無義です。「義なき」です。だから自然のことわりという「義なき」をあまり口にすると、自然というなんらかの「もの」となって、「義なきを義とす」ることになってしまって、本来の意味を失うから、そのことに注意しなければならないと、そういわれているわけです。

そこで、自然のことわりは、人間のはからいを捨てて、仏智の不思議としていただきなさいと締め括っているわけです。仏智についても、すでに説明しましたように、それは般若の智慧であり「一切は空である」と見通すはたらきでした。しかし、この仏智は私たちの分別の世界、はからいの世界を破るものです。私たちの世界を打ち破る仏智は不思議としか言いようがありません。私たちの分別を越えていればこそ、私たちの分別を打ち破るからこそ、仏智なのです。破られる分別にとっては、不思議であると言わざるを得ません。自然ということは仏智の不思議なのですと、こういうふうに最後に締め括っているわけです。

これは親切な親鸞聖人の但し書きです。「この道理をこころえつるのちには」と、道理といっておられるでしょう。自然は、「もの」ではないのです。「ことわり」なのです。道理なのです。「この自然のことは、つねにさたすべきにはあらず」。つねに自然ということを問題にすると、義なき自然を義としてしまう。ということは、自然にはまた義のあることになってしまう。だからあまり沙汰してはいけない。自然のことわりは仏智の不思議なのです。いつも私たちの思考は「こと」を「もの」としてとらえる方向性を持っているわけです。そのことに対する周到な注意といえますが、あるいはその当時にそういう考え方に陥る危険性があったがための補足ともいえます。このような懇切丁寧な断り書きまでちゃんと付けてくださっている。

浄土思想が形成されていった本来の目的は、涅槃寂静・入滅・必至滅度という仏教の救済原理を実現するためでした。そのために阿弥陀仏を念じて、その極楽世界に生まれることができるという手段を用いて、必至滅度という本願を成就させようとした。ところが阿弥陀仏の国に生まれるということがいつの間にか手段から目的に変わってしまって、幸せな理想の世界へ生まれることを目的とするという発想に変わってしまっていた。それを親鸞聖人は、そうではないのだ、浄土思想の本筋はこうなのだということを、「自然法爾章」の中で再度確認された。阿弥陀如来の極楽世界に生まれさせようという本願は、これは無上仏、無上涅槃という究極の目的である救済を達成するための手段なのだ、こういうことをはっきりと言われたのです。

そういうことが明らかになるときに、私たちは、この親鸞聖人の教えを現代的な課題としてどういただいていくか。中国において形成された浄土教は、どうしても極楽浄土が目的となって、そこに理想世界を想定するわけです。親鸞聖人はそれを方便化土とし、それに対して現代の私たちにとっても大きな説得力を持った浄土思想として、親鸞聖人はもう一度浄土思想を大乗仏教の基本に立ち返らせた。それが必至滅度としての真実報土であると、こう言えるのではないかと思います。

あとがき

この第一巻「縁起に生きる」に収められている講話は、次のようである。最初の「仏教理解の基本的視点」は、九州教学振興会の二日間にわたる研修会「現代における真宗の学びとは」における講義録が「輪廻の思想」として一九九八年九月に刊行されたものである。今回はそれに補訂を少しく加えた。

第二の「梵天勧請に始まる仏教」は、一九八四年四月に、大谷大学の新入生歓迎会が国立京都国際会議場で催されたときの講演録「梵天勧請」（大谷大学『伝統と創造』第四輯所収、一九八六年二月刊行）である。この時の講演の講師は、学外からは京都大学名誉教授の東昇先生であり、学内からは小生が務めた。

第三の「煩悩を断ぜずして涅槃を得る」は、難波別院（南御堂）の暁天講座における同題の講演録として一九八七年十月に公刊されたものである。当時としては大乗仏教の立場から親鸞の仏教を語るということは新鮮であったためか、数か月で完売となり絶版となっている。第二と第三の講話の内容は、今から十五年以上も過去のもので、再読して忸怩たる思いがあるが、その当時の自分の仏教を知ることができるため、ほとんど補訂せずにそのまま収録した。

第四の「浄土思想の意義」は、一九九九年九月二十六日に、高倉会館での日曜講演「本願と浄土」の講演録が、その後、法藏館から公刊された『仏教からみた往生思想』の後半部分に「涅槃寂静は往生論」と題して収録されているが、それを補足したものである。

二〇〇二年一〇月

小川一乗

小川一乗（おがわ　いちじょう）

1936年北海道に生まれる。1959年大谷大学卒業。

元大谷大学教授・文学博士・真宗大谷派講師・元大谷大学学長・真宗大谷派西照寺住職。

著書　『インド大乗仏教における如来蔵・仏性の研究』『空性思想の研究』『仏性思想』『五如理論』『大乗仏教の原点』『大乗仏教の根本思想』『仏教からの脳死・臓器移植批判』『仏教に学ぶいのちの尊さ』その他

小川一乗講話選集　1
縁起に生きる

二〇〇二年一一月二〇日　初版第一刷発行
二〇〇八年　七　月二〇日　初版第二刷発行

著　者　小川一乗
発行者　西村明高
発行所　株式会社　法藏館
京都市下京区正面通烏丸東入
郵便番号　六〇〇-八一五三
電話　〇七五-三四三-〇〇三〇（編集）
〇七五-三四三-五六五六（営業）

印刷・製本　中村印刷株式会社

ISBN 978-4-8318-8686-6 C0315

小川一乗講話選集　全三巻　各巻内容

各、一、八〇〇円（税抜）

第一巻『縁起に生きる』

仏教理解の基本的視点／梵天勧請に始まる仏教／煩悩を断ぜずして涅槃を得る／浄土思想の意義

第二巻『平等のいのちを生きる』

脳死・臓器移植についての一仏教徒の視点／平等のいのちを生きる／死を超える仏道／現代のいのちの課題

第三巻『いま人間を考える』

いま人間を考える／いま人間を問う／ヒューマニズムの自己崩壊／自然と人間／浄土の慈悲の実践